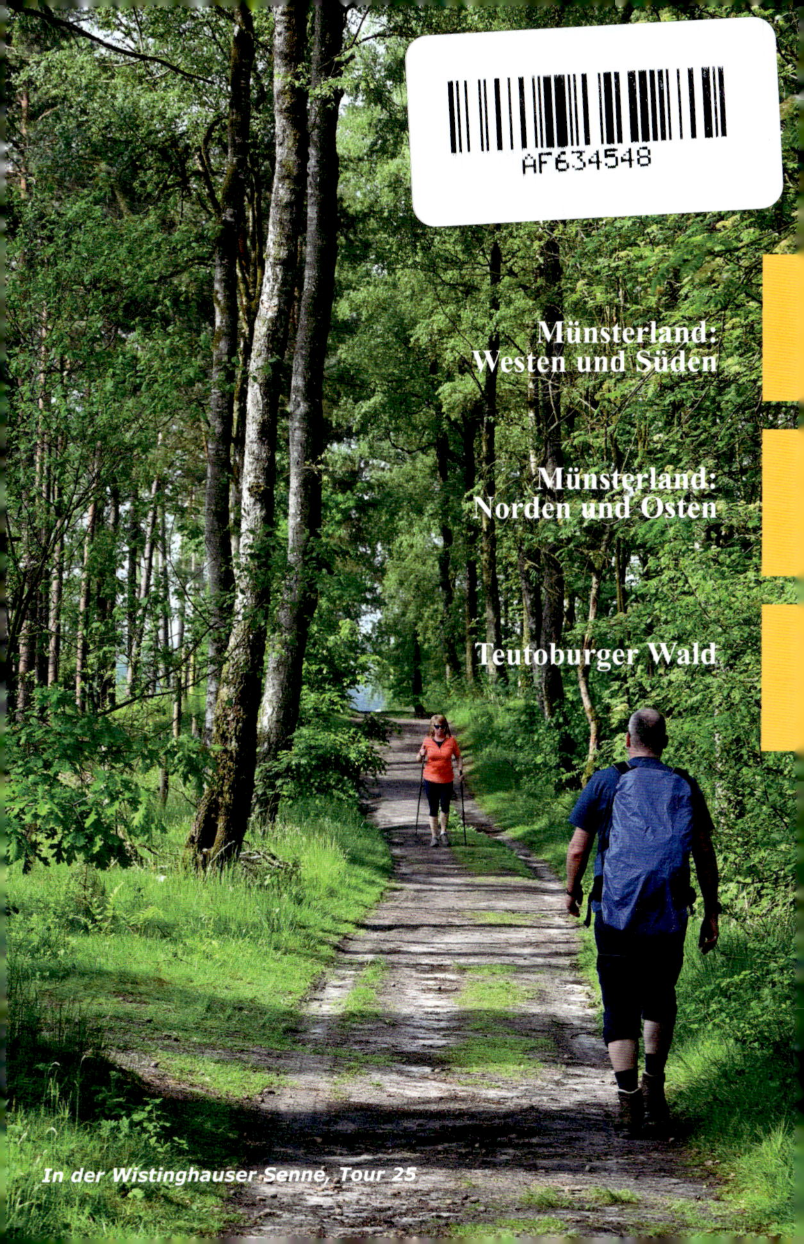

Münsterland:
Westen und Süden

Münsterland:
Norden und Osten

Teutoburger Wald

In der Wistinghauser Senne, Tour 25

Münsterland und

Alle Informationen, schriftlich und zeichnerisch, wurden nach bestem Wissen zusammengestellt und überprüft. Sie waren korrekt zum Zeitpunkt der Recherche. Eine Garantie für den Inhalt, z. B. die immerwährende Richtigkeit von Preisen, Adressen, Telefon- und Faxnummern sowie Internetadressen, Zeit- und sonstigen Angaben, kann naturgemäß von Verlag und Autorin – auch im Sinne der Produkthaftung – nicht übernommen werden.

Die Autorin und der Verlag sind für Lesertipps und Verbesserungen (besonders per E-Mail) unter Angabe der Auflagen- und Seitennummer dankbar.

Dieses OutdoorHandbuch hat 160 Seiten mit 68 farbigen Abbildungen, 28 farbigen Kartenskizzen im Maßstab 1:50.000 sowie 13 farbigen Höhenprofilen und einer farbigen, ausklappbaren Übersichtskarte. Es wurde auf chlorfrei gebleichtem, FSC®-zertifiziertem Papier gedruckt, in Deutschland klimaneutral hergestellt und transportiert und wegen der größeren Strapazierfähigkeit mit PUR-Kleber gebunden.

FSC
www.fsc.org
MIX
Papier aus verantwortungsvollen Quellen
FSC® C009051

Klimaneutral
Druckprodukt
ClimatePartner.com/10951-2201-1003

Dieses Buch ist im Buchhandel und in Outdoor-Läden erhältlich und kann im Internet oder direkt beim Verlag bestellt werden.

OutdoorHandbuch Band 479

ISBN 978-3-86686-736-9 1. Auflage 2022

Text und Fotos: Regina Stockmann
Karten: Dieter Großelohmann
Lektorat: Anna-Lena Ebner
Layout: Alexandra Sauerland

Gesamtherstellung: gutenberg beuys feindruckerei

Dieses OutdoorHandbuch wurde konzipiert und redaktionell erstellt vom:

Conrad Stein Verlag GmbH, Kiefernstr. 6, 59514 Welver,
☏ 023 84/96 39 12,
info@conrad-stein-verlag.de,
www.conrad-stein-verlag.de

Besuchen Sie uns bei Facebook & Instagram:

www.facebook.com/outdoorverlag

www.instagram.com/outdoorverlag

Titelfoto: Anstieg auf die Große Egge, Tour 22

Inhalt

☺ Viele/Einige der in diesem Führer beschriebenen Wanderwege laufen durch mehr oder weniger flaches Gelände ohne nennenswerte Höhenunterschiede. In diesen Fällen wurde auf die Darstellung eines Höhenprofils verzichtet.

☺ Eine **Übersichtskarte der Wege**, **Autorenprofil** sowie eine Liste aller verwendeten **Symbole** in diesem Buch finden Sie auf den vorderen und hinteren Umschlagseiten bzw. -klappen.

Naturschutzgebiete im Münsterland und Teutoburger Wald

Sie wollen das Münsterland in seiner ganzen Vielfalt erleben? Es ist bekannt für seine Parklandschaft und Schlösser, bietet aber viel mehr! In geschützten Naturräumen haben sich Reste der ursprünglichen Vegetation erhalten, alte Heide- und Moorlandschaften, stille Wälder, weite Feuchtwiesen und teils renaturierte Flussauen. Das wilde Münsterland zu entdecken und zu erleben, dabei soll dieses Buch helfen. Oft zeigen die Touren auch Einblicke in die „klassische" Münsterländer Parklandschaft.

Von insgesamt 526 Naturschutzgebieten im Regierungsbezirk Münster mit einer Gesamtfläche von knapp 450 km^2 haben ich die schönsten für Sie herausgesucht und erwandert und hoffen, dass Sie ebenso begeistert sein werden von diesem „anderen" Münsterland.

Die Wanderungen im Teutoburger Wald sind eine ideale Ergänzung dazu, bieten sie doch unter anderem oft weite Aussichten über das Münsterland. Hier erwarten Sie neben deutlich mehr Höhenmetern und weiten Wäldern auch stille Bäche, Quellen und viele Entdeckungen neben den Wegen. Im Teutoburger Wald können Sie zudem miterleben, wie Wälder klimafest gemacht werden. Die Touren im „Teuto" zeigen einen Querschnitt sowohl über die verschiedenen Abschnitte des kleinen Mittelgebirges als auch über wenig begangene bis sehr beliebte Wanderungen.

Bei allen Touren wünsche ich Ihnen die tiefe Erfahrung von Ruhe in der Natur, sei es in stillem, hohem Wald, in der Weite der Feuchtwiesen oder nach einer unerwarteten Tiersichtung!

Ihre
Regina Stockmann

Reise-Infos

Anreise

Die Anreise ins Münsterland und den Teutoburger Wald kann per Bus und Bahn erfolgen oder mit dem Auto. An den ICE oder IC angebunden sind Münster, Rheine, Bad Bentheim, Gütersloh, Bielefeld und Paderborn. Außerdem wird das Gebiet von verschiedenen Autobahnen durchzogen, der A1, A2, A31, A43 und A33.

Unterkunft und Standorte

Im beschriebenen Gebiet ist die Auswahl an Unterkünften riesig. Es gibt alles – von Wohnmobilstellplatz, Campingplatz teilweise mit festen Unterkünften wie Mobilheim oder Safarizelt, über Pension bis Hotel. Selbst in vielen kleinen Orten kann man bei der Suche nach einer geeigneten Unterkunft fündig werden.

Geeignete Suchportale sind zum Beispiel 💻 www.muensterland.com und 💻 www.teutoburgerwald.de, die Tourismusportale der einzelnen Städte, 💻 www.airbnb.de oder 💻 www.expedia.de.

Restaurants

Durch die Coronapandemie kann es verstärkt zu Restaurantschließungen kommen. Bitte überprüfen Sie vor einer Wanderung, ob das angegebene Restaurant noch existiert sowie die Öffnungszeiten!

Vor allem die touristisch beliebten Orte haben eine große Auswahl an Cafés und Restaurants in verschiedenen Preislagen. Aber auch in kleinen Orten finden sich oft gemütliche Schänken. Im Teutoburger Wald gibt es außerdem einige Waldgaststätten, die einen Stopp mitten in der Natur anbieten.

Zu den Münsterländer bzw. Westfälischen Spezialitäten gehören:

- ▷ Pumpernickel, ein Schwarzbrot, das fast einen ganzen Tag gebacken wird und lange haltbar ist
- ▷ Möppkenbrot, eine Blutwurst mit Getreide
- ▷ Westfälischer Knochenschinken
- ▷ Schlabberkappes, Weißkohleintopf mit Fleisch

- ▷ Pfefferpotthast, ein Schmorgericht im „Pott" (Topf) mit Rindfleisch
- ▷ verschiedene Schnäpse und Brände

Verkehrsmittel

Neben einer Anfahrt mit dem Pkw sind die Wanderungen alle mit dem Bus erreichbar.

Bitte beachten Sie: Es sind aktuelle Buslinien und ungefähre Frequenz angegeben, diese können sich z. B. am Wochenende unterscheiden! Auch eine Anreise mit Bus oder Bahn zu einem Hauptstandort und von dort die Anfahrt zu den umliegenden Wanderungen mit Rad oder E-Bike ist eine gute Option, vor allem im Münsterland, denn es verfügt über ein gut ausgebautes Radwegenetz mit meist geringen Steigungen.

Gute Informationen zum ÖPNV finden Sie unter:

- www.münsterland.com → Tourismus → Service → Anreise
- www.teutoburgerwald.de → Übernachten Service → Service → Anreise und Verkehr

Fahrpläne sind verzeichnet unter:

- www.rvm-online.de/fahrgast/fahrt-planen/linienfahrplaene
- teutoowl.de/owlv/linienfahrplaene

Klima und Reisezeit

Ein großes Plus der Region ist die ganzjährige Eignung als Wander- und Reiseziel, das gilt sowohl für das Münsterland als auch mit Einschränkungen für den Teutoburger Wald.

Im Münsterland ist das Klima durch die vom Meer kommenden und vorherrschenden Westwinde maritim und gemäßigt mit nicht zu heißen Sommern und milden Wintern. Durchschnittlich 700-800 mm Regen pro Jahr fallen relativ gleichmäßig verteilt. Größere Schneemengen sind selten, das Schneechaos im Februar 2021 war hier eine Ausnahme. Viele meiner Recherchen im Münsterland sind im Winter entstanden.

Der Teutoburger Wald wirkt wie ein Regenfänger mit Niederschlägen um die 1.000 mm pro Jahr. Das Klima ist ähnlich mild wie im Münsterland, größere Schneemengen gibt es selten. Nur von den felsigeren Wanderungen im Teuto wird während der Wintermonate Dezember bis März abgeraten, weil die Gefahr steigt, auf den feuchten, durch Bodenfrost eventuell glatten Felsen auszurutschen.

Karten und GPS

Die Wanderungen im Buch sind so beschrieben, dass Sie sich vor Ort gut orientieren können. Trotz aller moderner Technik ist es aber wichtig, die Übersicht zu behalten und genau zu wissen, wo man ist. Wanderkarten können bei den örtlichen Tourist-Informationscentern oder Buchläden gekauft werden. Hier kommen zum Beispiel die Kompass-Wanderkarten in Frage, für das Münsterland gibt es ein Set von drei Karten im Maßstab 1:50.000 (ISBN 978-3990446072) sowie Südl. Teutoburger Wald – Eggegebirge – Oberwälder Wald (ISBN 978-3990449974, Band 844). Das südliche Tecklenburger Land wird auf der Wanderkarte NRW im Maßstab 1:25.000 angezeigt (ISBN 978-3897105584, lieferbar voraussichtlich ab Ende April 2022).

Sehr hilfreich ist auch, sich bei den gängigen Portalen, z. B. Wikiloc, komoot, AllTrails und Outdooractive, stattdessen als Offlineversion auf das Handy laden. Wenn man dann die Wanderung außerdem trackt, sieht man auf der Handykarte den aktuellen Standort. Aber auch hier gilt: bitte nicht blind vertrauen, sondern den Weg auch immer nachvollziehen!

Die GPS-Tracks zu den beschriebenen Wanderungen können Sie kostenlos von den Internetseite des Verlages (💻 www.conrad-stein-verlag.de) herunterladen.

☺ Die Kartenempfehlungen wurden von der Geobuchhandlung Kiel überprüft. 💻 www.geobuchhandlung.de

🕮 „**GPS** – Grundlagen · Tourenplanung · Navigation“ von Michael Hennemann, Conrad Stein Verlag, ISBN 978-3-86686-495-5, € 9,90.

Wanderinfrastruktur

In beiden Regionen gibt es eine Vielzahl von markierten Wanderwegen, wobei die Markierungen manchmal etwas unübersichtlich erscheinen. Dagegen gibt es kein durchgängig beschildertes Netz mit Wegeknotenpunkten.

Im Münsterland verlaufen die Touren immer wieder abseits der klassischen Routen, meist auf Forst- oder Waldwegen und regelmäßig genutzten Pfaden.

Die Beschilderung im Teutoburger Wald ist wesentlich durchgängiger und die vom Tourismusverband zusammengestellten Wanderwege Teutoschleifen sind sehr gut beschildert. Die Wanderungen in diesem Buch orientieren sich nur teilweise an den Teutoschleifen.

Wandern mit Kind und Buggy

Die wenigsten Kinder wandern nichts um des Wanderns willen! Allerdings lassen sich viele mit Abenteuern und spannenden Stationen am Weg locken. Um dafür Zeit zu haben und Kindern das Wandern nicht madig zu machen, sollten die Strecken eher kurz und spannend sein, unabhängig von der körperlichen Leistungsfähigkeit der Kinder. Zu den meisten Wanderungen sind deshalb kurze Varianten angegeben. Tipps zum Wandern mit Kindern bietet das Buch „Wandern mit Kind" aus dem Conrad Stein Verlag (ISBN 978-3-86686-015-5) sowie das E-Book „Wie ihr aus einer Wanderung ein Kinder-Abenteuer macht" aus dem Naturzeit Reiseverlag, in das auch die langjährigen Erfahrungen mit unseren Kindern eingeflossen sind (ISBN 978-3-944378-99-2).

Mit Buggy sind viele der Touren aufgrund von Teilstücken auf schmalen Pfaden nicht zu gehen. Eine Kindertrage kann hier Abhilfe leisten. Wo eine Wanderung mit Buggy möglich ist, ist dies angegeben.

Wandern mit Hund

Grundsätzlich sind die Wanderungen für Hunde mit entsprechender Kondition gut geeignet und weisen überwiegend wenig Asphalt auf. Aber: Sie verlaufen zum großen Teil in Naturschutzgebieten. In diesen gibt es rechtlich uneinheitliche Regeln zum Anleinen der Hunde.

Damit Sie auf der sicheren Seite sind und um dem Naturschutzgedanken gerecht zu werden, müssen Hunde in Naturschutzgebieten angeleint werden!

Die Tierwelt, der wir in Deutschland schon wenig Raum lassen, und in deren Rückzugsgebieten wir uns zudem erholen wollen, wird es Ihnen danken, wenn sie nicht von frei laufenden Hunden aufgescheucht wird.

Updates

Der Conrad Stein Verlag veröffentlicht Updates zu diesem Buch, die direkt der Autorin oder von den Leserinnen und Lesern dieses Buches stammen. Sie finden diese auf der Verlagshomepage 💻 www.conrad-stein-verlag.de. Der abgebildete QR-Code führt Sie direkt dorthin.

Münsterland: Westen und Süden

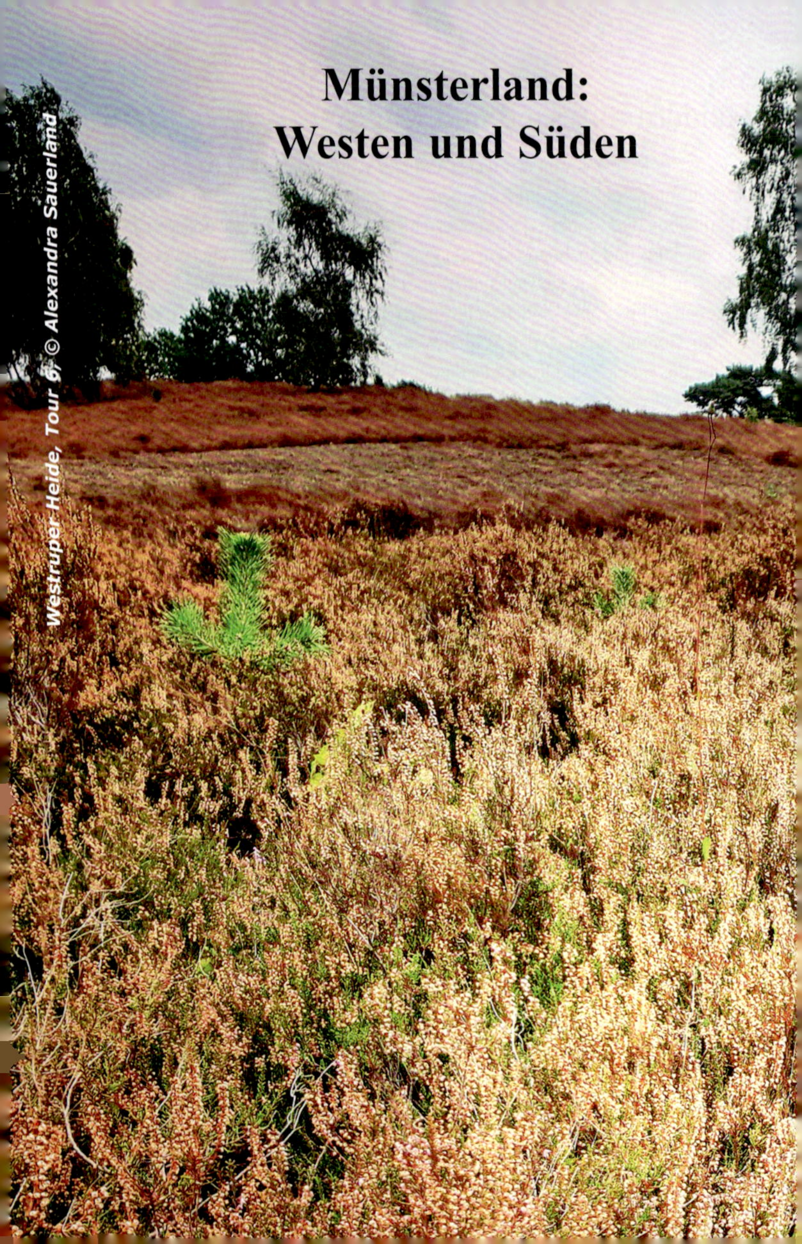

Westruper Heide, Tour 6, © Alexandra Sauerland

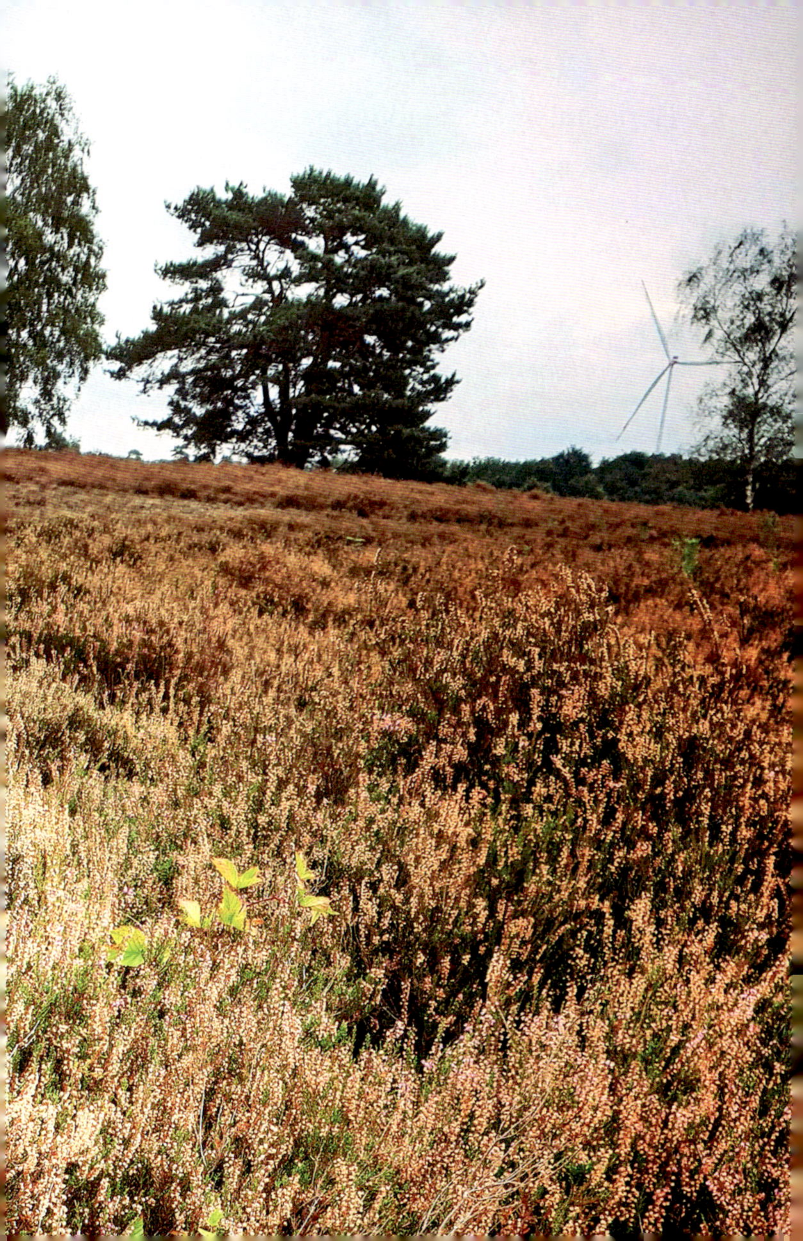

1 Berkelauen bei Stadtlohn

Tour für Freunde und Freundinnen von Flussauen und Familien

Die Berkelauen bei Stadtlohn gelten als die ursprünglichsten dieses münsterländischen Flusses mit Ursprung in den Baumbergen. Sie erleben die Auen teils auf schmalen Pfaden, mit überraschenden Steilklippen und sandigen Ufern und in urwüchsigem Wald. Außerdem entdecken Sie Reste einer frühmittelalterlichen Wallburg, einen kleinen Bacheinschnitt namens „Teufelsschlucht", Rastplätze auf Baumstämmen oder Wurzeln und einen verwunschenen Pfad am Graben durch den Wald.

Start/Ziel: im Wohngebiet am Beethovenring, Berkelhook 30-36, hinter den letzten Häusern, 48703 Stadtlohn, GPS N 51°59.813' E 006°54.400'

11,6 km

3 Std.

35 m/35 m

40-55 m

keine einheitliche Markierung

vor allem Forstwege, aber auch Pfade sowie zwei Stücke kaum befahrene Sträßchen, überwiegend Schatten

keine Einkehrmöglichkeit

Platz oberhalb Berkelwiesen mit Baumstümpfen und Holztipis (km 5,8), Hochufer der Berkel mit Wurzeln zum Sitzen (km 6,3)

Wanderstarke Kids werden an der Tour Freude haben. Mit Kleineren lohnt es sich, bei der Teufelsschlucht zu parken (GPS N 52°1.033' E 006°51. 751') und von dort folgende kurze Wege zu gehen: 1. an der Kreuzung am Parkplatzende nach rechts zur Berkel ❹, 2. an der Kreuzung nach rechts und nächste links zum Rastplatz mit Baumstümpfen und Tipi, 3. an der Kreuzung geradeaus auf den Pfad entlang des Grabens, immer an der linken Seite des Grabens bleiben, am folgenden Sträßchen links und nächste links.

ungeeignet im Bereich der Pfade entlang der Berkel nach der Kreuzung ❶ und beim Pfad entlang des Grabens ab dem Parkplatz nach dem Hochufer ❹

gut geeignet für Hunde, wenig Asphalt, bis zum Hochufer ❹ mehrfach Wasser, danach außerhalb des Naturschutzgebietes auch die Möglichkeit für Freilauf

Parkplatz an Start/Ziel

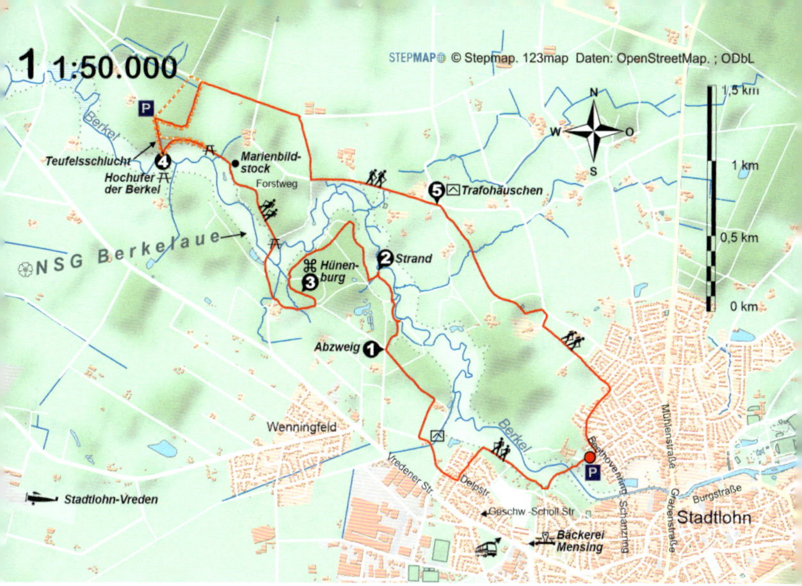

Lüdiger, Haltestelle „Stadtlohn", Linie R61 zwischen Bahnhof Coesfeld und Vreden, etwa stündlich, Straße nach Westen und am Kreisverkehr geradeaus auf den Fußweg parallel zur Straße, dann zweite Straße rechts (Goerdelerstraße), am Ende kommt der beschriebene Schotterweg zwischen Gärten und Häusern entgegen.

Das Naturschutzgebiet Berkelaue erstreckt sich zwischen Vreden und Stadtlohn. Seit 1988 wird hier der Berkel wieder Raum gegeben für einen eigendynamischen Verlauf, eine natürliche Entwicklung der Aue und zur Erhaltung extensiv genutzten Aue-Grünlandes. Langfristiges Ziel ist ein Biotopverbund entlang der gesamten Berkel.

Sie folgen dem Asphaltsträßchen ortsauswärts und biegen bei der nächsten Möglichkeit links ab ins Naturschutzgebiet. Der breite Weg führt über eine Berkelbrücke und auf der anderen Seite hoch in den Wald. Hier biegen Sie auf den Fahrweg rechts ab und wandern auf einem geschotterten Damm oberhalb der Auwiesen entlang. Beim Pumpwerk geht es geradeaus weiter mit schönem Blick über die Wiesen an der Berkel. Am Ende des Waldgebietes folgen Sie dem Weg durch eine Linkskehre in den Ortsteil von Stadtlohn. Ein breiter Schotterweg leitet immer geradeaus zwischen Gärten und Häusern zur Straße.

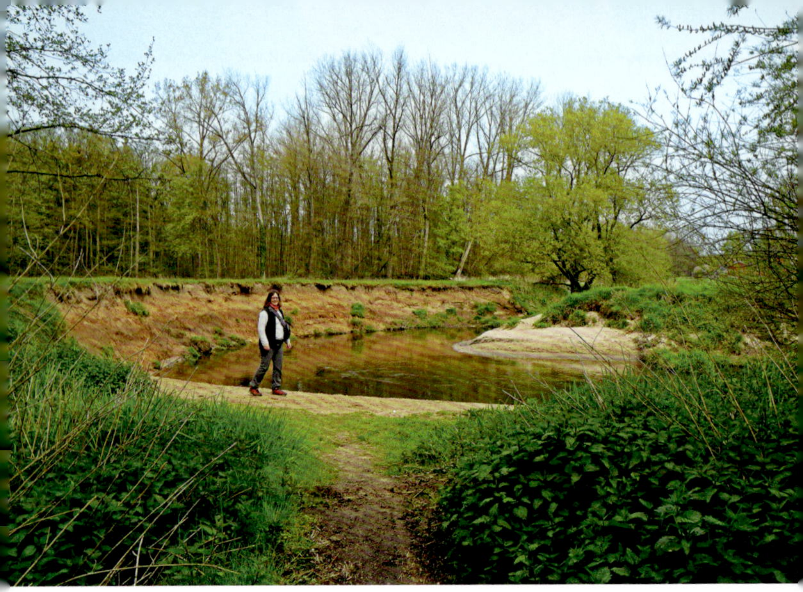

Steilabbruch mit kleinem Strand

Hier biegen Sie nach rechts ab, wandern geradeaus aus dem Ort hinaus und lassen einen Unterstand rechts liegen. Beim nächsten Feldweg biegen Sie nach rechts ab, gehen am Ende geradeaus in den Wald an der Hofanlage vorbei und dort links auf einen breiten, sandigen Fußweg.

Durch Mischwald und vorbei am Waldkindergarten treffen Sie wieder auf Asphalt ❶. Hier wählen Sie den Forstweg nach rechts und biegen sofort nach rechts auf einen Pfad ab. Als breiter Trampelpfad und an manchen Stellen etwas matschig führt er nah an die Berkel heran. An einer Verzweigung gehen Sie nach rechts über einen Gittersteg. Dann erreichen Sie einen Steilabbruch mit kleinem Strand und Wiese ❷, der den kurzen Abstecher nach rechts unbedingt lohnt. Die Wanderung führt bei der entsprechenden Verzweigung nach links weiter. Ein matschiger Graben wird auf Ästen überquert, dann trifft der Pfad auf einen breiten, sandigen Forstweg, dem Sie nach rechts folgen. Er verläuft durch Buchenwald mit Fichtenparzellen und beschreibt eine Linkskurve. An der folgenden Kreuzung geht es geradeaus und dann kommen Sie noch einmal ganz nah ans Hochufer der Berkel. Wenig später sehen Sie den hohen Wall der Hünenburg vor sich. Nach Überquerung des matschigen Grabens führt der Pfad geradeaus hoch auf das ehemalige innere Burggelände ❸.

Die Hünenburg bei Stadtlohn

Die Hünenburg ist eine Doppelwallanlage mit nicht genau bekannter Herkunft. Die äußere Anlage weist nur etwa 2 m hohe Wälle auf, die als Holz-Erdplaggen-Mauern mit einer hölzernen Tordurchfahrt mit Steinpflaster gebaut wurden. Sie diente wahrscheinlich als Fliehburg eines lokalen Stammes während der Sachsenkriege Karls des Großen im späten 8. Jahrhundert. Die innere Anlage ist mit mächtigen, bis zu 6 m hohen Wällen geschützt, stammt wahrscheinlich aus dem 9. oder 10. Jahrhundert und könnte zur Durchsetzung der fränkischen Besatzung gebaut worden sein. Die mittlere Pfostenreihe der Tordurchfahrt trug ein Torhaus oder einen bewehrten Umgang. Steinbauten konnten nicht gefunden werden. Nachgewiesen wurde außerdem eine Nutzung des Geländes am Fuß des Walls als bronze- oder eisenzeitliches Hügelgräberfeld.

Sie durchqueren das bewaldete Gelände auf dem Hauptweg und verlassen es auf der gegenüberliegenden Seite durch einen Einschnitt im Wall. An der folgenden T-Kreuzung mit Hinweistafel auf einem Stein wenden Sie sich auf den Fahrweg nach rechts. Links begleiten zwei äußere Wallabschnitte den Weg. Dann erreichen Sie ein Gehöft, um das Sie auf der rechten Seite herumgehen können.

Beim nächsten Forstweg wandern Sie nach rechts. Bei einer Verzweigung bleiben Sie leicht rechts auf dem Hauptweg und überqueren anschließend erneut die Berkel. An einer Bank vorbei wählen Sie den ersten Abzweig nach links (X9) und gehen kurz danach geradeaus weiter. Der Pfad schlängelt sich durch Buchenwald und trifft auf einen Forstweg. Hier biegen Sie links ab und anschließend am Feldrand rechts, wo ein Stichweg nach links zur Berkel führt. Wenig später erreichen Sie einen Marienbildstock. Dort gehen Sie links weiter, spazieren jetzt oberhalb der sumpfigen Berkelwiesen entlang und vorbei an einem Rast- und Spielplatz mit Baumstümpfen zum Sitzen und Tipi.

An der nächsten Verzweigung gehen Sie nach links und kommen zum Hochufer der Berkel ❹. Hier gibt es einen teils sandigen, teils matschigen Zugang zum Wasser und Sitzmöglichkeiten auf ausgespülten Baumwurzeln – ein schöner Platz zum Rasten.

Zurück geht es entlang der linken Seite des ausgewaschenen Grabens, der vielleicht wegen der roten Färbung seiner Hänge Teufelsschlucht genannt wird. An der Verzweigung vorbei, die nach rechts zum Hinweg führt, ist die nächste Kreuzung mit Parkplatz schnell erreicht.

Hier biegen Sie nach rechts ab auf einen Pfad, queren aber anschließend nicht den Graben in Richtung Freifläche, sondern gehen immer links an ihm entlang.

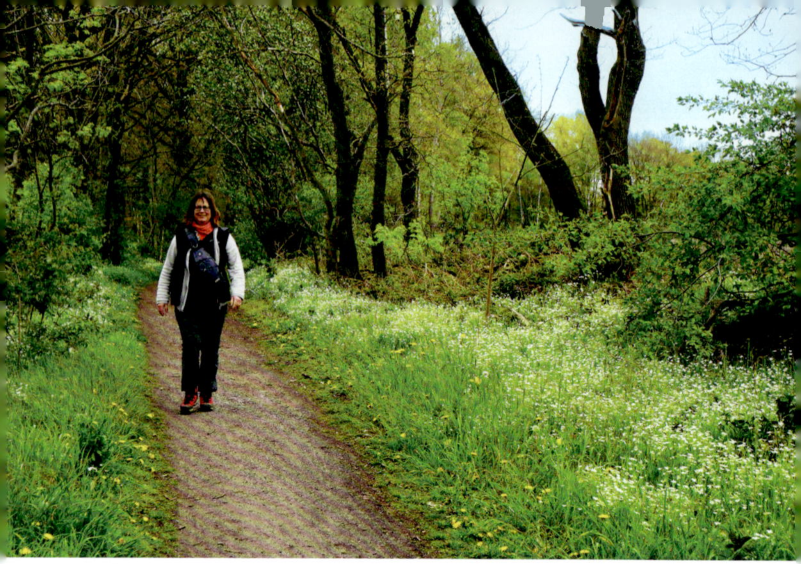

Vredener Footpättken

Der schmale Pfad führt über ein paar umgestürzte Bäume und dann fast verwunschen in dichteren Wald immer am Graben entlang.

Er endet an einer schmalen Straße, der Sie nach rechts folgen. Am Ende des Asphalts biegen Sie nach rechts ab auf einen breiten, geschotterten Radweg und anschließend nach links auf eine asphaltierte Allee. Vorbei am sumpfigen Auengebiet zur Rechten spazieren Sie durch eine lockere Ansiedlung aus Gehöften und Häusern bis zu einem Trafohäuschen und Unterstand ❺. Dort biegen Sie nach rechts ab und 50 m weiter nach links auf den Fußweg Vredener Footpättken am Waldrand. Bei der Statue des heiligen Nepomuk geht es geradeaus weiter, über eine Brücke über einen kleinen, mäandrierenden Bach und dann zwischen Feldern hindurch. Am Waldrand ignorieren Sie zwei Abzweige zu einem Hof nach rechts und wählen anschließend den Fußweg schräg rechts, der durch ein sumpfiges Wäldchen führt. An der nächsten Straße geht es mit Blick auf die Biogasanlage nach links weiter und an der folgenden Kreuzung nach rechts und nach wenigen Metern wieder rechts auf den Fußweg unter Bäumen.

Ein Sträßchen überqueren Sie geradeaus und wandern an einem Wohngebiet entlang bis zur Straße. Hier biegen Sie rechts ab und folgen dem Beethovenring durch eine lange Linkskurve, bis die Häuser Berkelhook Nr. 30-36 nach rechts ausgeschildert sind, hinter denen Sie das Ziel der Wanderung erreicht haben.

❷ Die Berge

Tour für Fans von Kiefermischwälder und zotteligen Landschaftspflegern

Um Ruhe und Gelassenheit zu finden, sind die ausgedehnten Laub- und Kiefernmischwälder auf der Dünenlandschaft der Berge ein ideales Terrain. Hier ist auch der ehemalige Fliegerberg zu finden, heute eine geschützte Magerrasenfläche. Verstärkt durch seine tierischen Bewohner, die zotteligen Hochlandrinder, bietet er den Eindruck von weiter, offener Wildnis.

- Start/Ziel: Wanderparkplatz bei Restaurant Forellenhof am nordwestlichen Rand der Berge, Zum Homborn 13, 46325 Borken, GPS N 51°51.743‘ E 006°53.885‘
- 9,2 km
- 2,5 Std.
- ↑ ↓ 40 m/40 m
- ⇧ 60-90 m
- keine einheitliche Markierung
- Forst- und Waldwege, teils sehr sandig, verläuft fast vollständig im Wald, auf breiten Wegen, nicht immer schattig
- Forellenhof am Start/Ziel
- im Hügelgräberfeld bei Ramsdorf (km 5,9)
- Grundsätzlich ist die Tour für Kinder geeignet, könnte jedoch aufgrund der langen, geraden Abschnitte langweilig werden. Sehr abwechslungsreich und spannend ist eine Umrundung des Fliegerberges. Auf den Infotafeln rund um den „Fliegerberg“ ist ein Netz von Wanderwegen mit Infopunkten angegeben, sodass ab dem unteren Ende des Fliegerberges ❶ problemlos kürzere Rückwege gewählt werden können.
- schwierig wegen wurzeligem Pfad im Bereich des Fliegerberges und sehr sandigen Passagen im späteren Verlauf
- idealer Untergrund für vier Pfoten, kein Wasser, kaum Möglichkeit für Freilauf, da die ganze Tour im Naturschutzgebiet verläuft
- P Parkplatz an Start/Ziel
- Heiden, Haltestelle „Ramsdorf/Heiden“, Linie S75 zwischen Hbf Münster und Bocholt, etwa stündlich, von der Haltestelle Richtung Norden am P&R-Parkplatz vorbei zum Wald gehen, dort auf breiten, sandigen Forstweg

„Die Berge" bezeichnen einen flachen, bewaldeten Höhenzug mit sandigem Untergrund nordwestlich von Borken. Als Naturschutzgebiete Lünsberg und Hombornquelle und Hügelgräberfeld bei Ramsdorf stehen sie fast vollständig unter Schutz. Weite Bereiche sind mit Birken- und Eichenwald bestanden und im Osten dominieren Kiefern, mit denen seit der Mitte des 19. Jahrhunderts aufgeforstet wurde. Zu diesen Leitpflanzen gesellen sich eine bunte Vielfalt anderer Baum-, Busch- und Krautarten. Genutzt wurden die Berge früher als Hutewald, dann ab 1931 im Bereich einer abschüssigen Wiese als Startplatz für Segelflieger sowie von 1957 bis 2006 als Standort einer Kaserne.

Hochlandrind auf dem Fliegerberg

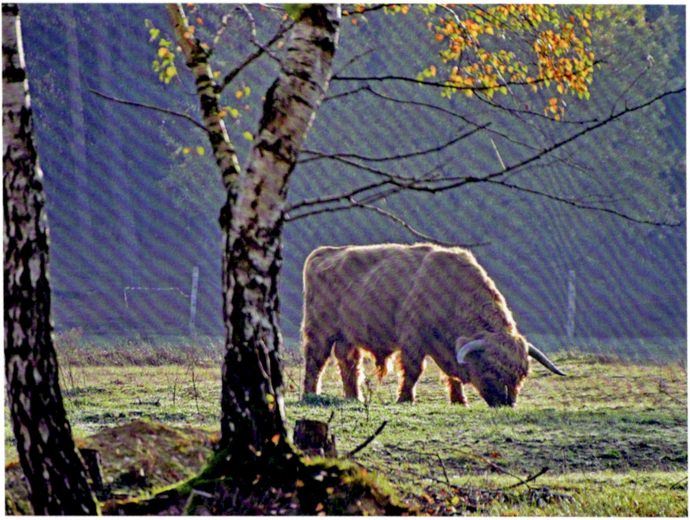

Sie starten Richtung Wald und halten sich an der Verzweigung mit der großen Infotafel zum Naturschutzgebiet Homborn geradeaus. Bei einem Rechtsabzweig geht es geradeaus weiter bis zu einem breiten Querweg, auf dem Sie sich nach rechts wenden.

An der Infotafel „Naturerbe Borken" folgen Sie dem Pfad nach links und an der Teilung vor der offenen Heide nach rechts. Der Pfad schlängelt sich jetzt durch den Wald, immer in der Nähe des Zaunes (✋ Strom).

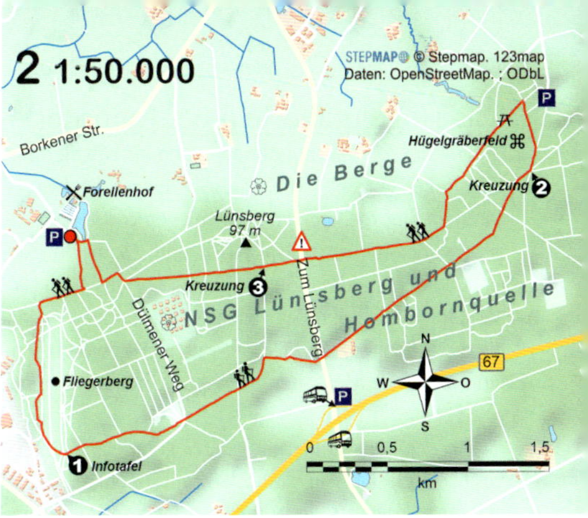

Der Zaun umschließt das offene Gebiet des sogenannten Fliegerberges. Zottelige Schottische Hochlandrinder mit mächtigen Hörnern sorgen dafür, dass der ökologisch wertvolle Lebensraum des Magerrasens erhalten bleibt. Am unteren Ende des Weidegebietes führt der Pfad um die Freifläche herum und trifft auf eine Infotafel, auf der kürzere Rückwege markiert sind ❶.

Die Wanderung verläuft am Ende des Zaunes auf dem Pfad geradeaus weiter und ebenfalls geradeaus über eine Kreuzung und an einer Verzweigung vorbei. Dann liegt linker Hand ein weiterer Bereich mit Trockenrasen, der zu einer Rast in der Sonne einlädt. An der dortigen Betonrampe geht es weiter geradeaus, sie führt auf einen gut gepflegten Wanderweg, der in einer breiten Schneise durch Kiefernwald führt.

Einen ersten Abzweig nach rechts ignorieren Sie und nach der folgenden Linkskehre wählen Sie den nächsten Abzweig, der als Fahrweg an Wiesen entlang verläuft. Als Kopfbäume beschnittene Salweiden begleiten Sie. In einer Linkskehre führt der Weg auf eine Wiese. An der Verzweigung zu Wiesenbeginn biegen Sie nach rechts ab auf die Fahrspuren.

Kurz taucht der Weg in einen Waldstreifen, dann überqueren Sie eine Straße geradeaus. Auf der anderen Seite erwartet Sie ein breiter, sehr sandiger Forstweg, der auch als Reitweg genutzt wird. Der Niederwald wird hier von Birken dominiert und von Kiefern überragt. Jetzt wandern Sie immer geradeaus vorbei an mehreren Abzweigungen, über eine Kreuzung, durch eine leichte Linkskehre und über eine weitere Kreuzung.

Dann erreichen Sie eine große Kreuzung mit fünf Abzweigungen ❷ und wählen den Weg schräg links. An den nächsten zwei Verzweigungen halten Sie sich jeweils links und biegen an der Kreuzung scharf links ab. Dann erreichen Sie eine Picknickbank mitten im Wald. Sie befindet sich mitten im Hügelgräberfeld bei Ramsdorf, das allerdings durch den dichten Bewuchs kaum erkennbar ist.

Das Hügelgräberfeld bei Ramsdorf

Anfang des 20. Jahrhunderts wurden im Hügelgräberfeld bei Ramsdorf über 200 Grabhügel gezählt, von denen heute noch etwa 120 nachweisbar sind. Hinzu kommen fünf rechteckige Grabanlagen von etwa 5 x 30 m² im Bereich des Hövelberges, der mit etwa 2 m Höhe und 25 m Durchmesser der größte Grabhügel ist. Wie alle anderen Grabhügel ist er durch den dichten Bewuchs kaum erkennbar. Die Hügelgräber sind nicht genau datiert, sie stammen aus der jungen Stein- bis alten Bronzezeit. Wie mag es hier gewesen sein vor etwa 4.000 bis 4.500 Jahren, als die Menschen ihre Verstorbenen beerdigten?

An der Bank gehen Sie weiter geradeaus runter, halten sich an der nächsten Verzweigung links und wandern auf einem Wiesenweg zwischen Wald und Feld entlang. Sie ignorieren Abzweige nach links und biegen erst in der hinteren Ecke des Feldes nach links in den Wald ab. An der Waldwiese schimmert eine Gestalt zwischen den Bäumen hindurch, es ist die „Frau im Wald" am Hauptweg, eine große, angezogene Holzpuppe mit Hut.

Am Rande des Fliegerbergs

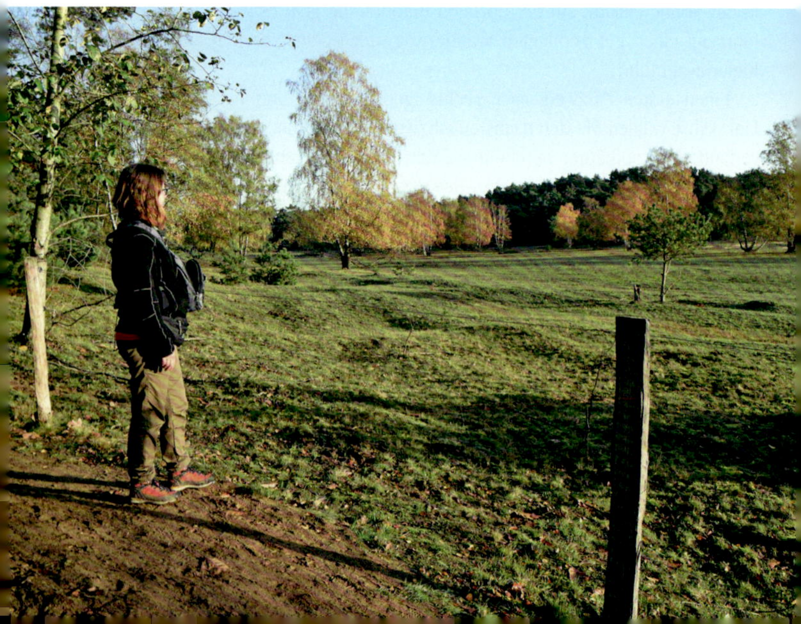

Etwas unterhalb der Holzpuppe treffen Sie auf einen Querweg, auf den Sie rechts abbiegen. Wieder spazieren Sie durch niedrigen Birkenwald und Kiefern. Die Straße überqueren Sie geradeaus (☝ schlecht einzusehen wegen Kuppe). An der folgenden Kreuzung mit einem breiten Weg ❸ wählen Sie den schmalen Pfad durch dichten Wald immer geradeaus bis zu einer Kreuzung mit Betonplatten. Hier gehen Sie links, dann sofort rechts an der Schranke vorbei und treffen auf einen breiten Sandweg. Sie biegen nach links auf den gegenüber verlaufenden Fußweg ab.

Die nächste Abzweigung nach rechts ist bereits zum Forellenhof beschildert. Dann führt der nächste Abzweig nach links über den Damm zwischen der Quelle Homborn und dem tiefer liegenden Fischteich. Hier liegt der Parkplatz rechts gegenüber.

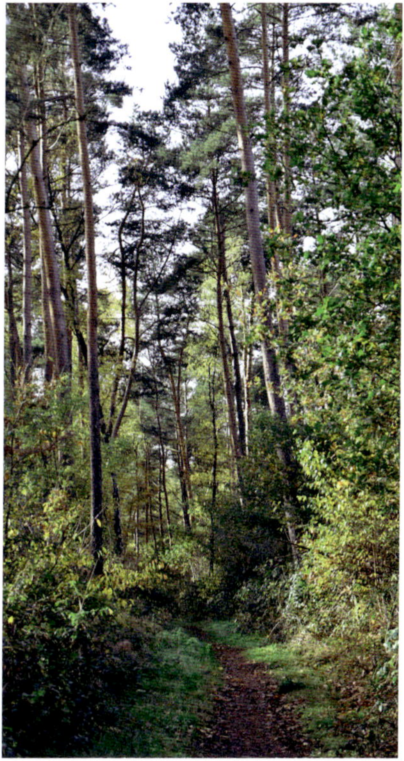

Rückweg durch den Kiefernwald

Der Homborn, ein kleines Quellgebiet mit mehreren kleinen Wasseraustritten, hat hier ein besonderes Biotop mit einem kleinen, eingeschnittenen und stark vermoorten Tal geschaffen. Es ist der Born, die Quelle, des Reinigbaches, eines Zuflusses der Bocholter Aa.

✕ **Forellenhof**, Zum Homborn 13, 46325 Borken, ☏ 028 61/24 48, Mi-Fr 14:00-22:00, Sa/So 11:00-21:00

③ Wälder bei Eggerode

Tour für alle, die Wälder und Parklandschaft lieben

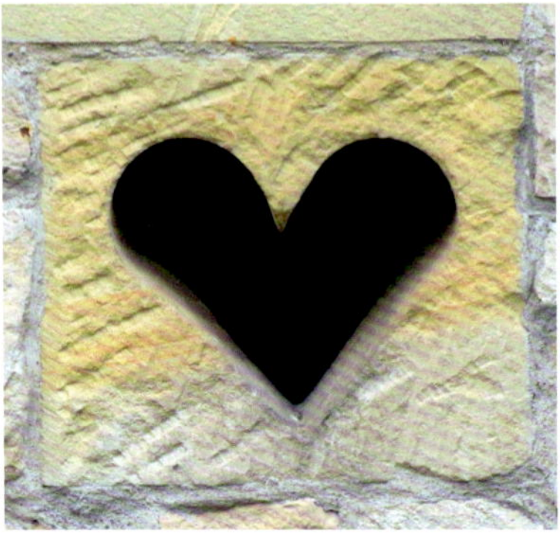

An der Burloer Mühle

Auf dem Knüppeldamm Poaters Pättken wandeln Sie auf den Spuren der Mönche des ehemaligen Klosters Kleinburlo und entdecken das Torhaus der ehemaligen Valckenburg sowie die Mühle des Klosters. Sie streifen durch die zwei Naturschutzgebiete Rockeler Wald und Wald bei Haus Burlo und am Plattdüsken Patt mit Gedichtstafel auf Plattdeutsch erleben Sie typische Münsterländer Parklandschaft. Für viel Abwechslung ist also gesorgt!

- Start/Ziel: großer Parkplatz am nördlichen Ortseingang von Eggerode, Vechtestraße, 48625 Schöppingen, GPS N 52°03.866‘ E 007°14.650‘
- 11,8 km
- 3 Std.
- ↑ ↓ 40 m/40 m
- ⇧ 75-110 m
- keine einheitliche Markierung
- Mischung aus schmalen, kaum befahrenen Sträßchen (6 km), Forstwegen und einem Pfad mit langer Tradition, 200 m am Rand einer Landstraße, in den Waldgebieten sowie an den Sträßchen teilweise durch Alleebäume Schatten
- Hotel Winter (km 9,5), Eiscafé Eiszeit (km 9,5)
- Schutzhütte Schagern-Rockel (km 2,6)
- nur für sehr wandererprobte Kinder wegen der längeren Asphaltabschnitte
- mit Buggy gut möglich
- mehrfach Wasser und außerhalb der Wald-/Naturschutzgebiete Freilauf möglich, jedoch wegen längerer Asphaltabschnitte weniger geeignet für empfindliche Pfoten
- P Parkplatz an Start/Ziel
- Eggerode, Haltestelle „Vechtebrücke“, Linien 186 zwischen Horstmar und Steinfurt, Linie 774 zwischen Schöppingen und Ahaus, etwa halbstündlich, an Start/Ziel

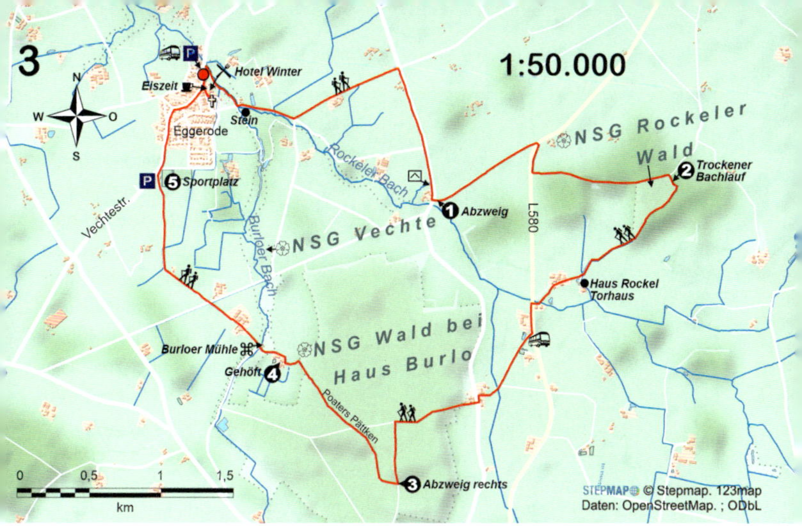

Die Wanderung startet Richtung Ortsausgang und direkt vor der Brücke rechts hinunter. Hier führt ein schmaler Pfad zwischen Vechte und Wiesen entlang, mit etwas Glück können Eisvögel, die Edelsteine der Lüfte, beobachtet werden.

An einer schmalen Straße steht auf der gegenüberliegenden Seite ein großer Stein, der den Entstehungspunkt der Vechte markiert, am Zusammenfluss von Burloer und Rockeler Bach. Geradeaus führt der Kreuzweg am Feld entlang, Sie jedoch wenden sich nach links auf das schmale Sträßchen und überqueren die gerade entstandene Vechte. Umgeben von typischer Münsterländer Parklandschaft geht es durch Felder und an verstreuten Gehöften vorbei, an der ersten Verzweigung geradeaus und an der zweiten links. Dieser Weg ist als Plattdüsken Patt gestaltet, auf einzelnen schon etwas in die Jahre gekommenen Tafeln sind Gedichte in Münsterländer Platt zu lesen, deren Inhalt man mit etwas Fantasie zumindest teilweise verstehen kann.

An der folgenden Kreuzung biegen Sie rechts ab und kommen an der Schutzhütte Schagern-Rockel vorbei. In der folgenden Rechtskehre vor der Brücke gehen Sie auf das alte, mit Büschen gesäumte Sträßchen nach links ❶.

Es trifft auf die L580, wo das erste Mal mit regelmäßigem Verkehr zu rechnen ist. Ihr Wanderweg führt auf der gegenüberliegenden Straßenseite nach rechts am Straßenrand entlang und am Ende der Kurve über einen kleinen Damm in den Wald.

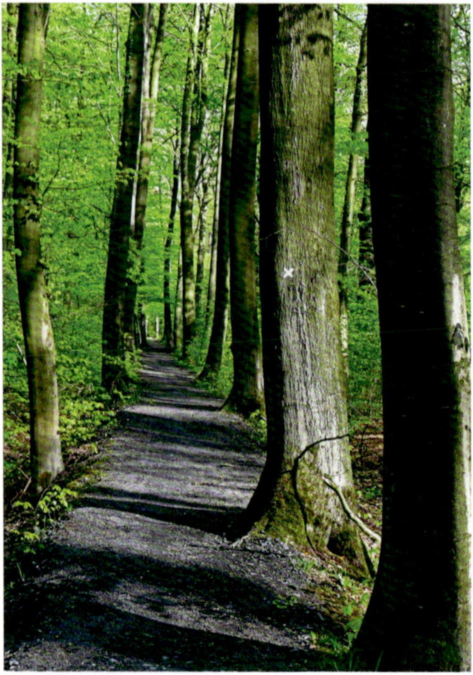

Poaters Pättken, der jahrhundertealte Knüppeldamm

Die zwei Spuren eines Forstweges leiten in das Naturschutzgebiet Rockeler Wald. Es schützt einen hohen Hainbuchen-Eichen-Wald mit kaum Unterholz, in dem ein Zulauf des Rockeler Mühlenbaches noch frei mäandriert. Bei einer Verzweigung geht es geradeaus weiter. Dann treffen Sie auf eine deutliche Rechtskehre mit Abzweigen, der Sie nach rechts folgen, und nach der Überquerung des hier meist trockenen Bachlaufes ❷ biegen Sie wieder rechts ab. Jetzt verläuft der Weg etwa parallel zu einem erstaunlich eingeschnittenen Bach, der hier sein Bett frei gestaltet und nach Verlassen des Waldes in einen Graben am Wegrand gezwängt wird.

Mit dem Bach verlassen auch Sie den Wald und laufen auf einige Gehöfte zu. Zuerst erreichen Sie links das Haus Rockel mit dem massiven Torhaus der einstigen Valckenburg. Dann überquert das Sträßchen den Rockeler Mühlenbach an einer kleinen Staustufe und den Resten eines ehemaligen Mühlengebäudes. Erneut an der L580 biegen Sie links in den Radweg ein und vor der Bushaltestelle nach rechts auf ein schmales Sträßchen. Am Ende gehen Sie an einer privaten Skulpturenausstellung links und hinter dem gegenüberliegenden Gehöft rechts in den Wald bei Haus Burlo, der ebenfalls unter Naturschutz steht. Der breite Forstweg trifft auf eine Kreuzung, wo Sie sich links halten.

Bei der nächsten Verzweigung gehen Sie auf schmalerem Weg rechts ❸ und wenig später nochmals rechts. Jetzt sind Sie auf Poaters Pättken, einem Knüppeldamm, den die Mönche des Klosters Kleinburlo über Jahrhunderte als Weg nach Darfeld nutzten. Leicht erhöht verläuft er durch den dichten Wald, kreuzt den Forstweg und zeigt sich anschließend gesäumt von einem dichten Spalier von Stämmen.

Schließlich endet der traditionsreiche Damm und verlässt als Pfad den Wald. An der nächsten T-Kreuzung führt der Wanderweg nach links und vor dem folgenden Gehöft ❹ nach rechts, um es zu umrunden.

In einem kleinen Waldstück erreichen Sie die einzig erhaltenen Wirtschaftsgebäude des Klosters Kleinburlo, das von etwa der Mitte des 14. bis Anfang des 18. Jahrhunderts als Sitz verschiedener Orden diente. Zu sehen sind die Burloer Mühle, eine Getreidemühle und das Brauhaus, ein Bauzaun verhindert das Betreten des Geländes.

Burloer Mühle

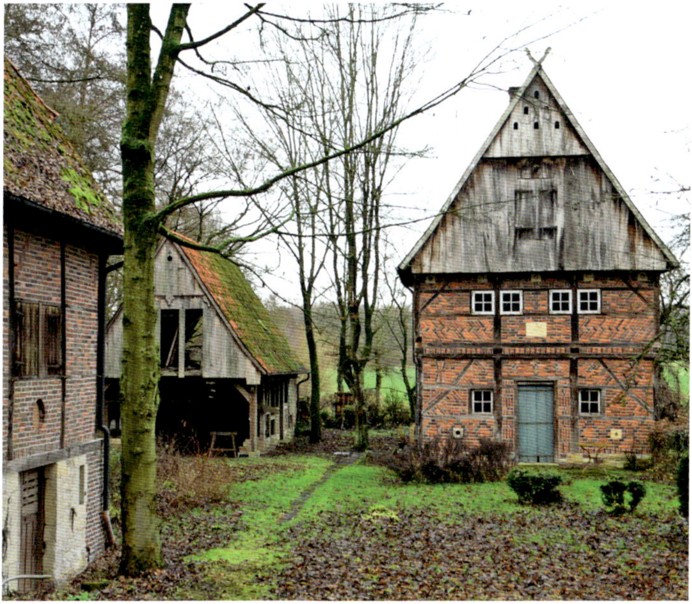

Auf der anderen Seite des Burloer Baches treffen Sie auf eine Straße, auf der Sie geradeaus und an der nächsten Kreuzung ebenfalls wieder geradeaus weitergehen. Hier finden sich wieder Gedichttafeln des Plattdüsken Patts.

Schließlich trifft das von Bäumen gesäumte Sträßchen auf den Sportplatz ❺ und direkt anschließend auf die Straße nach Eggerode. Dieser folgen Sie nach rechts durch den Ort. Kurz vor dem Parkplatz am anderen Ortsende können Sie beim ☕ Eiscafé Eiszeit einen kurzen Abstecher nach rechts zur Wallfahrtskapelle und Pfarrkirche machen oder im 🍴 Hotel Winter einkehren.

☕ **Eiszeit**, Gildestraße 1, 48624 Schöppingen, ☏ 025 45/459,
🚪 Mitte März-Mitte Oktober täglich 13:00-21:00, Winter Sa/So 14:00-18:00

🍴 **Hotel Winter**, Gildestraße 3, 48624 Schöppingen, ☏ 025 45/930 90,
🚪 Di-Sa ab 17:00, So zusätzlich 11:00-14:00, Mo Ruhetag, traditionelle Küche, auch kleine Gerichte

Eggerode

Das kleine Eggerode ist Ziel von etwa 60.000 Wallfahrerinnen und Wallfahrern jährlich, die zum Gnadenbild der Mutter Gottes im byzantinischen Stil aus dem 12. Jahrhundert pilgern. Neben der sechseckigen Wallfahrtskapelle mit dem Gnadenbild gehören eine Kerzenkapelle zum Ensemble sowie die Kirche St. Marien, deren Westturm mit Treppengiebel aus dem 12. Jahrhundert stammt.

Der Schriftsteller Friedrich Castelle

Die Erinnerung an Friedrich Castelle, von dem neben „Min Mönsterland" auch einige andere Texte des Plattdüsken Patts stammen, ist wesentlich getrübt durch seine aktive Arbeit für die NSDAP und die Unterstützung der Nationalsozialisten durch völkische Veröffentlichungen.

❹ Wald und Sumpf bei Schloss Varlar

Tour für Landschafts- und historisch Begeisterte

Vom imposanten Schloss Varlar aus führt diese Tour durch den zugehörigen Wald, früheres Jagdgebiet der Schlossherren, und erlaubt dabei auch Blicke in die umgebende Münsterländer Flur. Zwei Sumpfwiesen, die unter Naturschutz stehen, zeigen eine andere, wilde Seite des Lebensraumes Münsterland. Außerdem erleben Sie zwei ungewöhnliche Kapellen, die über einen Kreuzweg verbunden sind, und das zum Schloss gehörende Jagdschlösschen.

- Start/Ziel: Parkplatz bei Schloss Varlar, 48720 Rosendahl, GPS N 51°59.266‘ E 007°10.733‘
- 13,9 km
- 3 Std. 30 Min.
- ↑ ↓ 30 m/30 m
- ⇧ 80-105 m
- keine einheitliche Markierung
- überwiegend breite Forstwege, Abschnitte auf Asphalt (insgesamt 5 km), 150 m auf schlecht erkennbarem Trampelpfad (Umgehung auf Straße möglich), überwiegend im Schatten von Bäumen
- Restaurant Ionion (km 4)
- Schutzhütte bei ❷ (km 3,3), bei der kleinen Kapelle (km 6,3)
- Zwar ist die Wanderung auch für Kinder gut geeignet, aber für eine ideale Tour ist der Asphaltabschnitt auf dem Rückweg etwas zu lang. Eine abwechslungsreiche kurze Runde verläuft bis zur Ecke der Feuchtwiesen Brink ❷, dort nach rechts, Nächste links auf den breiten Fahrweg und diesem zur nächsten Kreuzung folgen ❺, ab da wieder nach der Wanderbeschreibung gehen (5,7 km).
- gut geeignet bei Umgehung nach Abzweig vom Asphaltsträßchen ❶
- wenig Wasser und relativ viel Asphalt, Möglichkeit zum Freilauf außerhalb der Waldgebiete
- Brink, Haltestelle „Ziegelei“, Linie 582 zwischen Coesfeld und Legden, von hier aus zur Kreuzung und Richtung Wertstoffhof
- P Parkplatz an Start/Ziel
- ☺ Die Runde lässt sich gut abkürzen mit Wegführung über den kurzen Abschnitt mit schlecht erkennbarem Pfad, siehe Familienfreundlichkeit.

☺ Wer gut ausgebaute Wege bevorzugt, folgt ab dem Abzweig vom Asphaltsträßchen ❶ der Variante bis zur Ecke der Feuchtwiesen Brink ❷, biegt dort rechts ab und die Nächste links auf den breiten Fahrweg, folgt diesem bis zur nächsten Kreuzung ❺, wandert dort auf dem breit ausgebauten Weg geradeaus und biegt beim als Radweg ausgeschilderten Weg rechts ab und anschließend links (6,3 km).

Vom Parkplatz aus wenden Sie sich nach links, biegen an der Zufahrtsstraße rechts ab und in der Straßenkehre ebenfalls rechts auf das Schloss zu.

↳ Hier führt ein Trampelpfad nach rechts und ermöglicht einen Blick auf die Innenseite des Schlosses.

Vor dem Tor gehen Sie nach links auf eine schmale, kaum befahrene Asphaltstraße. Sie führt direkt an die Gräften um das Schloss heran, mit einem schönen Blick auf die klassizistische Ostfassade.

Schloss Varlar

Der ursprüngliche Hof aus dem 11. Jahrhundert ging in ein Kloster über, zu dem Kirche und Vorburg mit Wirtschaftsgebäuden gehörten. Nach der Säkularisierung 1803 kam die Anlage in den Besitz der Familie zu Salm, die im 19. und frühen 20. Jahrhundert einzelne Gebäudeteile abreißen und die prächtige Fassade gestalten ließ. Das Schloss kann nicht besichtigt werden.

Viele Rhododendren begleiten den Weg vorbei an einem kleinen Anwesen und einer Wiese. Am Ende der Wiese ❶ biegen Sie nach rechts in einen breiten Waldweg ein.

↳ Wer das folgende kurze, aber kaum erkennbare Stück Trampelpfad scheut, folgt dem Sträßchen geradeaus, bis es nach links die Berkel überquert. Hier geht es nicht über die Brücke, sondern nach rechts weiter bis zum Unterstand ❷ und dann geradeaus gemäß der Beschreibung. Die Wanderung wird dadurch um 500 m länger.

Der Forstweg durchquert ein Waldstück und trifft auf ein Feld. Hier gehen Sie rechts und auf Höhe des Jägerstuhls auf dem Feldweg nach links. Auf der anderen Feldseite führt ein Pfad nach links in die Waldecke. Hier treffen Sie auf einen kleinen Graben, vor dem Sie sich auf schlecht erkennbarem Pfad nach rechts halten.

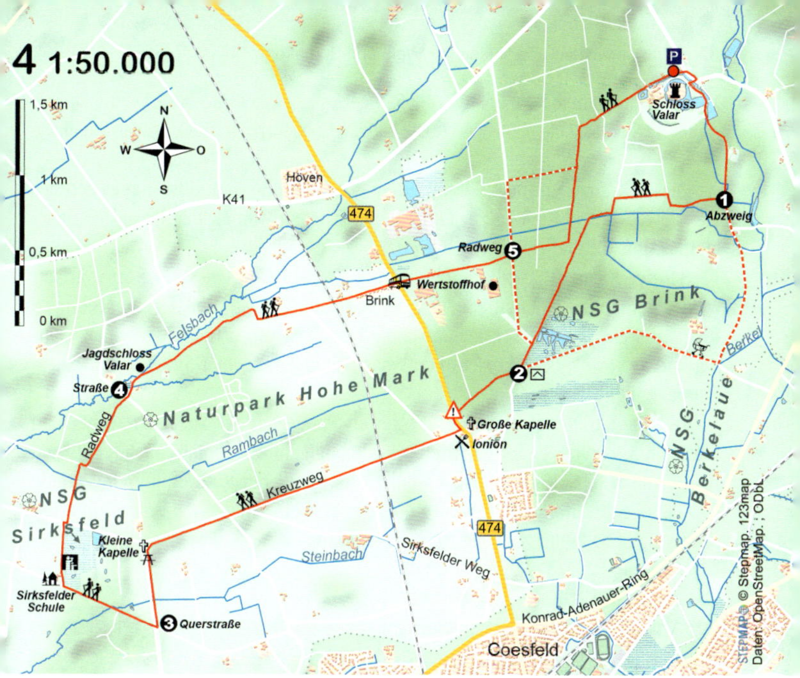

Nach knapp 150 m erreichen Sie einen etwas überwachsenen, breiten Forstweg und biegen links ab. Wegen der schlechten Erreichbarkeit herrschen hier Ruhe und einsames Waldfeeling. Eine Weile geht es durch Wald auf beiden Seiten, dann führt der Weg am Naturschutzgebiet Brink mit seinen Wiesen und Sumpfflächen vorbei. Von einer Bank des NABU aus kann das urwüchsige Gebiet beobachtet werden.

Schließlich mündet der Fahrweg in einen guten, breiten Schotterweg, ↳ der als Abkürzung nach rechts führt. Noch ein paar Meter weiter geradeaus erreichen Sie eine schmale Straße mit Unterstand ❷ und biegen dort nach rechts ab in eine breite Schneise. Sie führt geradeaus durch den Wald bis zur B474.

✋ Beim Überqueren der Straße ist Vorsicht geboten.

Dann geht es nach links auf dem Radweg weiter. Genau gegenüber der Großen Kapelle und vor dem Restaurant Ionion zweigt eine schmale Straße nach rechts ab, zu der parallel ein Fußweg genau in Verlängerung der Kapelle durch eine lange Allee führt, ein Kreuzweg.

✕ **Restaurant Ionion**, Brink 27, 48653 Coesfeld, ☏ 025 41/922 68 20, Mo-Sa 12:00-14:30 und 17:00-23:00, So/Feiertag 12:00-22:00, griechische Küche

Dieser Kreuzweg quert Bahngleise und eine Straße und führt immer geradeaus auf die Kleine Kapelle zu. Die beiden Kapellen wurden bereits im 17. Jahrhundert gebaut und durch einen Kreuzweg verbunden.

Bei der Kleinen Kapelle beschreibt der Fußweg eine Linkskehre und verläuft wieder parallel zu einer Straße. Bei der nächsten Querstraße ❸ gehen Sie nach rechts. Direkt vor der Sirksfelder Schule biegen Sie nach rechts auf einen Wanderpfad ab. Hier erstreckt sich rechts das Naturschutzgebiet Sirksfeld mit einem Beobachtungsstand.

Der Pfad trifft auf einen geschotterten Radweg, dem Sie nach rechts und sofort links folgen. An der nächsten T-Kreuzung geht es ebenfalls nach rechts und bei der nächsten Möglichkeit nach links. Dann trifft der Radweg auf eine Straße ❹, die Sie leicht rechts versetzt queren. Vorbei an zwei Anwesen führt das schmale Asphaltband zum Jagdschlösschen Varlar.

Kreuzweg mit Großer Kapelle

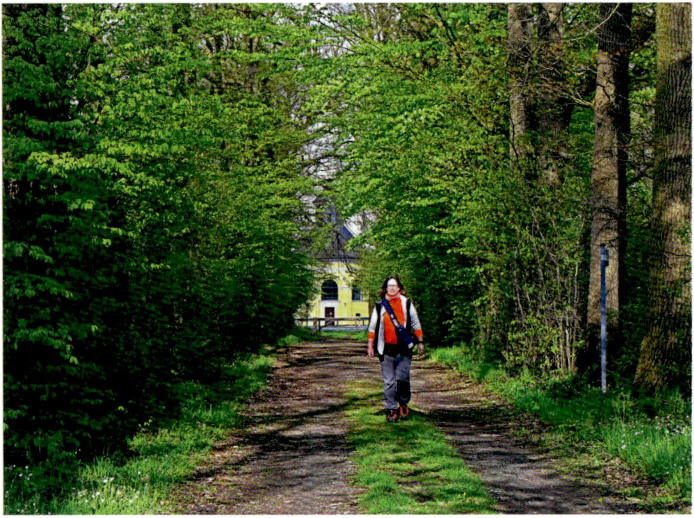

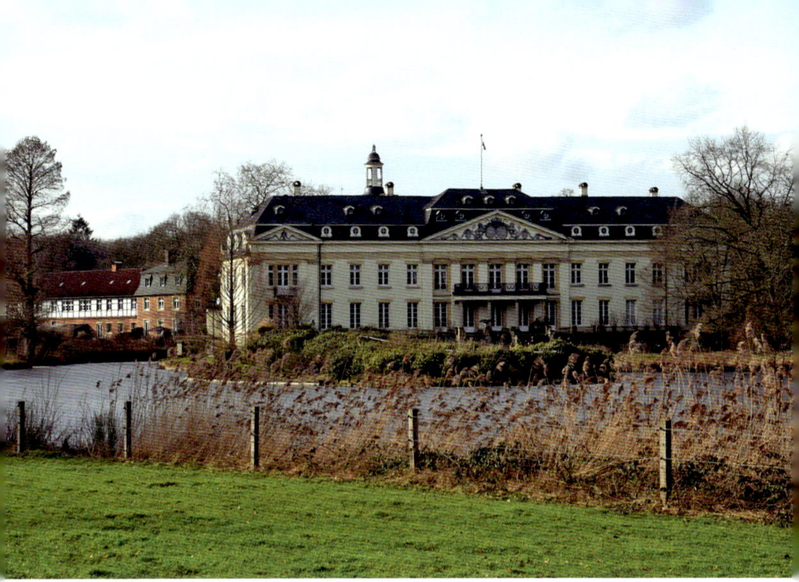

Schloss Varlar

Am Ende des alten Waldes beschreibt das Sträßchen eine Rechts-links-Kehre und führt dann durch Felder. An einer Verzweigung geradeaus queren Sie anschließend die Eisenbahn und laufen entlang der Siedlung Brink. Die B474 überqueren Sie geradeaus. Jetzt folgt ein breites Straßenstück, auf dem auch Lkws zum Wertstoffhof fahren. Links erhebt sich die komplett abgedeckte ehemalige Deponie. Dann ist der Wald wieder erreicht und mit ihm ein quer verlaufender, breiter Radweg ❺.

↳ Wer gut ausgebaute Wege bevorzugt, geht hier nach links und bei der nächsten, gut ausgebauten Verzweigung nach rechts.

Den Radweg überqueren Sie geradeaus und die nächste Kreuzung ebenso, dann beschreibt der Forstweg eine Linkskurve und weist tiefe Spurrillen auf. Noch einmal erwartet Sie ein Stück Waldeinsamkeit.

Wo der Forstweg wieder auf den gut ausgebauten Radweg trifft, geht es geradeaus weiter und anschließend folgen Sie der Rechtskehre des Radweges. Jetzt sind es nur noch ein paar Hundert Meter immer geradeaus zum Parkplatz.

5 Silbersee III und Borkenberge

Tour für Fans von Wasser und Wald

Wasser spielt eine wichtige Rolle auf dieser Tour, zuerst auf gutem Weg am Ufer des Silbersees, Teil einer Kette ehemaliger Baggerseen, später dann auf einem Pfad entlang des Sandbaches, der frei durch den Wald mäandriert. Dazwischen erstrecken sich die weiten Wälder der Borkenberge und die Feuchtwiesen der Heubachniederung. Eine Burganlage und zwei Mühlen lenken nur kurz den Blick weg von der Natur.

Start/Ziel: Parkplatz an den Sportanlagen von Hausdülmen, Sandstraße, 48249 Dülmen, GPS N 51°48.433‘ E 007°14.833‘

15,7 km

4 Std.

45 m/45 m

45-70 m

keine einheitliche Markierung

breite Forstwege, Pfade bei Schloss Sythen und entlang des Sandbaches, schmale Straßen (3,5 km), viel Schatten

Pfeiffers‘ Sythener Flora (km 6,5), Große Teichsmühle (km 13,6)

bei km 1,5 und km 11,3

Schön und abwechslungsreich für wandererprobte Kinder, aber lang. Mit kleineren Kindern empfehlen sich zwei Optionen: 1. rund um den Silbersee: ab der südöstlichen Ecke des Silbersees ❶ weiter auf dem breit ausgebauten und beschilderten Rundweg ❼ (5,7 km), 2. auf abenteuerlichen Pfaden am Sandbach: vom Parkplatz Schloss Sythen (GPS N 51°46.233‘ E 007°13.866‘, „um die Ecke“ vom Schloss) dem Weg folgen bis zur T-Kreuzung mit dem breiten Forstweg ❹, hier links abbiegen und immer geradeaus zurück zum Parkplatz (5,6 km).
Am Parkplatz am Silbersee befindet sich ein netter Spielplatz.

Die Hauptstrecke um den Silbersee ist gut geeignet. Nach dem Abzweig von der Quarzwerkstraße vorbei an der Schranke wegen der beiden dicken Rohrleitungen nicht mehr abbiegen, auch geradeaus geht es zum Rundweg um den See.

guter Wegbelag und regelmäßig Wasser, Möglichkeit für Freilauf nach dem Abzweig vom Silbersee ❶ und nach der Teichsmühle ❻

Haltern, Haltestelle „Sythen Bf“, Linie 273 ab Haltern, stündlich, über die Bahngleise und Straße folgen bis Schloss Sythen, ab dort mit Blick aufs Schloss links, zweimal rechts und Wegbeschreibung folgen

P Parkplatz an Start/Ziel; Parkplatz Schloss Sythen, GPS N 51°46.233‘ E 007°13.866‘, sowie Parkplatz Linnert „um die Ecke“ vom Schloss

☺ Bei entsprechendem Wasserstand können Stücke des Rundweges um den See direkt auf dem sandigen Ufer gegangen werden.

Die Silberseen bei Dülmen

Ende des 19. Jahrhunderts begann die Gewinnung von Quarzsand, in den Gruben bildeten sich die vier Silberseen aus. Heute ist der Silbersee II ein beliebter Badesee und wird manchmal als „Badewanne des Ruhrgebietes“ bezeichnet. Der Silbersee III liegt in einem Naturschutzgebiet und wird von einem gut ausgebauten, breiten Fuß- und Radweg umrundet. An seinem Ostufer befinden sich die Quarzwerke GmbH und einige Einrichtungen am und um den See weisen auf den ehemaligen Sandabbau hin. Baden ist im Silbersee III verboten, für Menschen ebenso wie für Hunde.

Stille über dem Silbersee

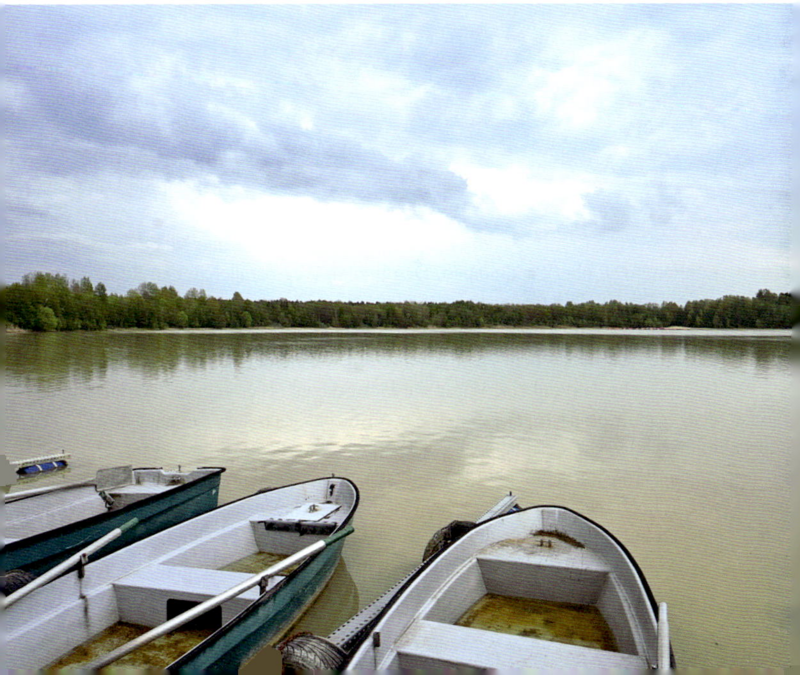

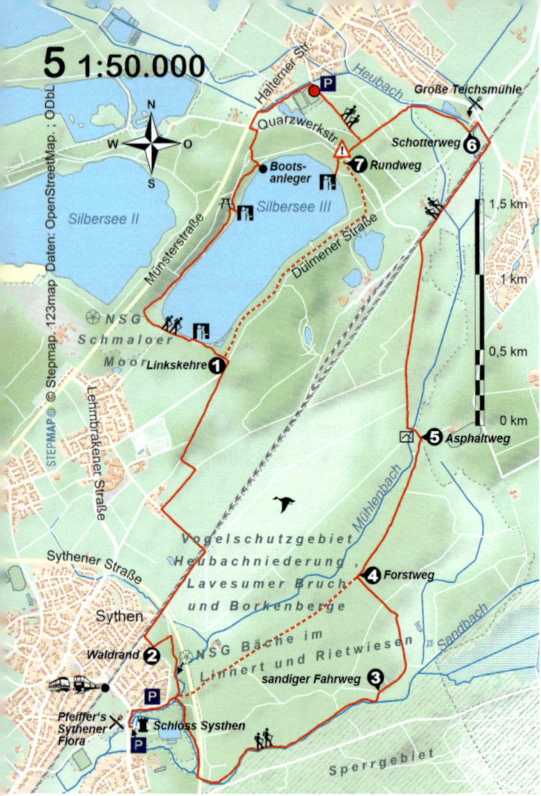

Mit Blick auf den Sportplatz starten Sie nach rechts und bei der nächsten Möglichkeit nach links auf den Fahrweg zwischen Sportanlagen und Heubach. Er bringt Sie zur Halterner Straße, wo Sie auf dem Bürgersteig nach links gehen und an der nächsten Kreuzung links Richtung Quarzwerke. Nach wenigen Metern biegen Sie rechts ab auf einen sehr breiten Weg, an einer Schranke vorbei. Diesen verlassen Sie an der nächsten Abzweigung nach links, ebenfalls an einer Schranke vorbei. Der Forstweg führt an einem Gebäude vorbei und dann über zwei dicke Rohrleitungen über Sandrampen. Den breiten Weg parallel zu den Rohren überqueren Sie auf dem Pfad geradeaus, der Sie ans Seeufer bringt. Am Bootsanleger ist eine erste Möglichkeit, ans Seeufer zu kommen.

Dann folgen Sie dem Forstweg aus Ankunftsrichtung nach rechts durch den Uferwald. Er führt auf eine Wiese mit Picknickbank. Hier geht die Wanderung auf dem Hauptweg nach links weiter, ein Abstecher nach links hinunter ans Seeufer führt zu einem Aussichtspunkt.

Der Weg führt immer mit etwas Abstand zum See durch den Uferwald, jedoch folgen noch mehrere Zugänge zum Ufer. Nach einer Linkskehre führt von rechts eine Naturtreppe steil hinunter. Beim nächsten breiten Abzweig nach links wartet ein Uferbereich mit schöner Aussicht über den See, leider ohne Bank. Dieser Weg trifft anschließend wieder auf den Rundweg.

Nach einem kurzen Anstieg biegen Sie in der Linkskehre ❶ rechts ab. Sie treffen auf einen breiten Fahrweg, die nicht asphaltierte Dülmener Straße, von der ein paralleler Seitenweg mit einer langen, niedrigen Hecke abgetrennt ist. Nach rechts führt der Weg zwischen Wald und Wiesen in Richtung Sythen. Mit den ersten Häusern im Blick biegen Sie links ab auf einen Feldweg und am folgenden Sträßchen rechts.

An der Querstraße bei den Häusern gehen Sie nach links, überqueren die Eisenbahnschienen und gehen sofort rechts parallel zur Eisenbahn. Sie wandern unter der Unterführung der Sythener Umgehungsstraße hindurch und schlagen vor den ersten Häusern den Fahrweg nach links ein. Nach den ersten zwei Häusern führt ein Pfad am Waldrand ❷ nach links in das Naturschutzgebiet Bäche im Linnert und Rietwiesen und trifft im Wald auf einen deutlichen, quer verlaufenden Pfad. Nach rechts führt er zu einem Platz im Wald mit Bänken und einem Kreuz. Von diesem aus wählen Sie den nach links abzweigenden Pfad, ignorieren alle Abzweige nach rechts und treffen an einem Teich vorbei auf eine Straße.

Sie gehen nach rechts und können bei der Querstraße auf einen Fußweg links im Waldstreifen ausweichen, der parallel zur Straße verläuft. Wieder auf der Straße halten Sie sich links und erreichen Schloss Sythen und die Wassermühle Sythen.

✕ **Pfeiffers' Sythener Flora**, Hotel-Restaurant-Café, Am Wehr 71, 45721 Haltern am See, ☏ 023 64/962 20, Fr-Mi ca. 12:00-21:00, Do geschlossen, klassische Gerichte, Burger, Kuchen und überdachte Terrasse

Schloss Sythen

Bereits im 9. Jahrhundert erwähnt wechselte die Burganlage im Laufe der Jahrhunderte mehrfach ihren Besitzer. Um die Jahrtausendwende kam das teils verfallene Schloss in den Besitz der Stadt Haltern, wurde aufwendig restauriert und dient heute als Veranstaltungsort. Das mächtige Torhaus der ehemaligen Wasserburg stammt teilweise aus dem 16. Jahrhundert, die Kapelle wurde um 1330 erbaut.

Die gegenüberliegende Wassermühle diente früher als Korn- und Ölmühle und wird heute als Begegnungsstätte genutzt. Schloss Sythen ist montags und donnerstags ab 14:00 geöffnet, donnerstagnachmittags ist außerdem die Mühle als Café geöffnet.

Sie laufen auf gleichem Weg zurück ins Naturschutzgebiet, überqueren die Brücke geradeaus und biegen dahinter nach rechts auf den Pfad nach dem kleinen Stauwehr ab. Dieser verläuft am eingeschnittenen und mäandrierenden Mühlenbach entlang, der hier in zwei Armen das Schloss Sythen auf allen Seiten umfließt. Dann trifft der Pfad auf den Sandbach, beschreibt eine Linkskurve und unterquert die Sythener Straße.

Ab jetzt wandern Sie auf schmalem Pfad durch hohen Laubwald immer am oder in der Nähe des Sandbaches. Dort, wo seine Ufer weggebrochen sind, erklärt sich sein Name, denn die Böschungen scheinen aus reinem, gelb leuchtendem Sand zu bestehen. Die gegenüberliegende Seite des Baches ist als ehemaliges Militärgelände gesperrt, immer wieder weisen Schilder auf das Betretungsverbot hin.

Große Teile des 2005 ausgewiesenen Naturschutzgebietes Borkenberge werden vom ehemaligen britischen Truppenübungsplatz eingenommen, der bis 2015 betrieben wurde. In den teils offenen Lebensräumen haben sich vor allem viele bedrohte Vögel angesiedelt. Für den gesperrten Bereich gibt es Pläne, Großsäuger wie Wisente und Wildpferde anzusiedeln, damit die Vegetation offen bleibt, und es für Touristen zugänglich zu machen. Das Naturschutzgebiet gehört zum EU-Vogelschutzgebiet Heubachniederung, Lavesumer Bruch und Borkenberge.

Wo der Pfad auf einen breiteren Weg trifft, halten Sie sich rechts und an einer Verzweigung geradeaus. Dann treffen Sie auf über viele Jahre hier aufgehängte Weihnachtskugeln und Ostereier. Es folgen eine kurze, nach Regen matschige Passage und ein kleines Feuchtgebiet links des Pfades. Anschließend führt der Pfad nach links unter Tannen und trifft auf einen sandigen Fahrweg ❸, auf den Sie nach rechts abbiegen. Sie folgen dem Weg erst am Waldrand und dann zwischen zwei Feldern hindurch. Am Ende einer Reihe von Kopfbäumen wandern Sie durch eine kurze Rechts-links-Kehre. Ein Forstweg führt jetzt an einer Fichtenschonung vorbei in hohen Wald. Immer geradeaus treffen Sie auf einen breiten Forstweg ❹. Hier gehen Sie nach rechts weiter, bis Sie auf Asphalt treffen ❺.

Sie wandern nach links, überqueren den Mühlenbach und biegen anschließend beim Unterstand nach rechts ab. Das schmale Asphaltband führt Sie zuerst durch hohen Kiefernwald und dann entlang der Eisenbahn. Rechts von Ihnen erstrecken sich Felder und Wiesen der Heubachniederung, zwei Brücken führen über Umflut und Mühlenbach. An der Straße gehen Sie nach links durch die Unterführung der Eisenbahn und anschließend vor den Gebäuden der Großen Teichsmühle wieder nach links.

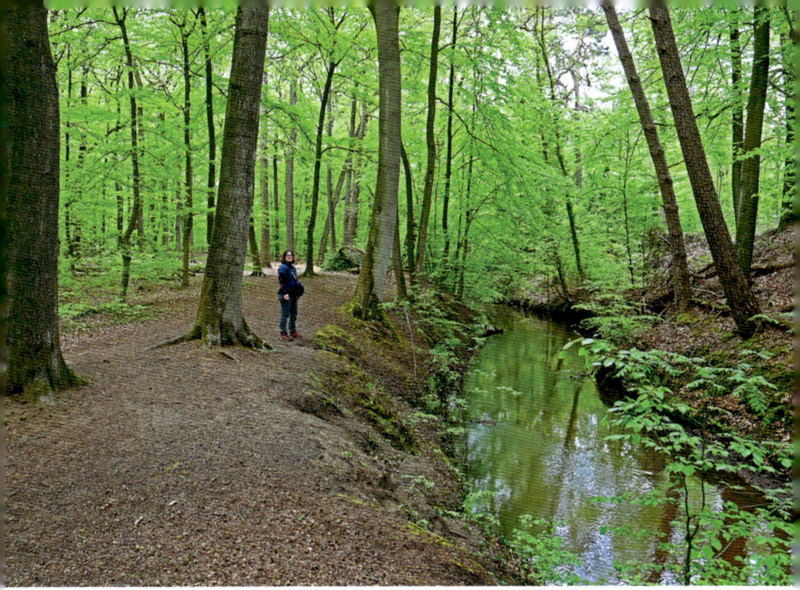

Am romantischen Sandbach

✕ **Große Teichsmühle**, Borkenbergestraße 78, 48249 Dülmen, ☏ 025 94/943 50, Mi-Fr 14:00-22:00, Sa/So 12:00-22:00, beliebtes Restaurant mit klassischer Küche und Sommergarten

Bei der historischen Mühle überqueren Sie erneut den Mühlenbach und biegen dahinter nach rechts ab auf den gepflegten Schotterweg ❻. Durch eine Allee und am Bach entlang marschieren Sie wieder auf Wald zu. Direkt nach einem Stauwehr, bei dem Umflut und Mühlenbach zum Heubach zusammenfließen, biegen Sie links ab auf einen Pfad in den Wald. Hier bleiben Sie auf dem Hauptweg senkrecht vom Bach weg und gehen geradeaus bis zur Sandstraße.

Für eine letzte Rast am See überqueren Sie die Straße geradeaus auf einem deutlichen Pfad, er führt zur Quarzwerkstraße. Vorsicht: Lkw-Verkehr. Zwischen alten Zaunpfosten hindurch geht es geradeaus zum bereits durchschimmernden Rundweg um den Silbersee III ❼. Auf diesem gehen Sie ein paar Schritte nach rechts, um dann auf breitem Pfad nach links zurück ans Seeufer mit einem schönen Strandstreifen zu kommen.

Anschließend wandern Sie auf gleichem Weg zurück, überqueren die Quarzwerkstraße und wandern auf der Sandstraße nach links zum Parkplatz.

6 Westruper Heide

Tour für Heide- und Seebegeisterte

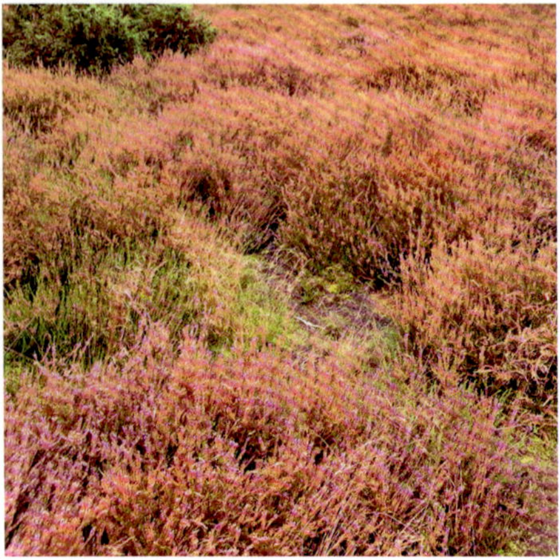

Westruper Heide © Alexandra Sauerland

Blühendes Heidekraut und wildwüchsige Wacholderheide lassen einen Eindruck aufkommen, wie die Landschaft rund um Haltern, aber auch in anderen Teilen des Münsterlandes früher aussah. Abgerundet wird diese Tour durch den Uferweg des Halterner Stausees mit Aussicht über die weite, von Bäumen gesäumte Wasserfläche und durch oft einsame Wege und Pfade im Waldgebiet zwischen See und Heide.

Start/Ziel: Parkplatz Westruper Heide, Flaesheimer Damm, 45721 Haltern am See, GPS N 51°43.872' E 007°14.391'

6,7 km

1 Std. 45 Min.

40 m/40 m

40-55 m

keine einheitliche Markierung

Forstwege und Pfade, mit Ausnahme der Heide viel Schatten

Jupp der Erlebnisbiergarten (km 2,1), Lakeside Inn (km 4), 150 m nördlich des Parkplatzes steht in der Saison ein Eiswagen.

kein Picknick/Rastplatz

WC am Parkplatz Haus Niemen nach ❷ (April-Sep, km 4,4)

eine abwechslungsreiche Runde auch für Kinder

Ungeeignet. Der Weg durch die Wacholderheide ab km 0,9 ❶ ist zu wurzelig genauso wie der Rückweg ab dem Abzweig vom breiten Waldweg ❸.

- idealer Boden für Pfoten, Möglichkeit zum Freilauf am Halterner See, kein Wasser
- Haltern am See, Haltestelle „Seehof", Linie 272 ab Haltern, stündlich, Straße überqueren, dann rechts und vor Erlebnisbiergarten links
- Parkplatz an Start/Ziel, Parkplätze an der Hullerner Straße, GPS N 51°44.433' E 007°13.783', Parkplatz Haus Niemen, GPS N 51°44.600' E 007°14.516'
- Die Westruper Heide ist sehr beliebt, meiden Sie am besten die Hauptsaison.

Das Naturschutzgebiet Westruper Heide bewahrt den Rest der früher umfangreichen Sandheiden rund um Haltern, wurde 1936 unter Schutz gestellt und gehört zu den europäischen Natura-2000-Schutzgebieten. Um eine Zerstörung der Vegetation durch die starke touristische Nutzung des Gebietes zu verhindern, ist es absolut notwendig, die Wege nicht zu verlassen. Heidschnucken und Ziegen sorgen durch extensive Beweidung dafür, dass die wertvolle Heidelandschaft nicht verbuscht. Im August und September blüht die Heide.

Vom Parkplatz aus überqueren Sie die Straße und gehen geradeaus weiter in den Waldstreifen. Wo er sich zur Heidefläche öffnet, biegen Sie an der Verzweigung schräg rechts ab. Bei den gegenüberliegenden Wacholderbüschen steht rechts des Weges ein Unterstand mit Bienenstöcken nach alter Tradition. Zurück auf dem Weg geht es immer geradeaus weiter über eine Kreuzung und an einer Verzweigung ebenfalls geradeaus. Dann laufen Sie auf Wacholderbüsche zu und gehen auch hier geradeaus weiter ❶. Schmal und kurvenreich windet sich der Pfad nun durch die verwunschen wirkende Wacholderheide. Nach einigen Wurzelstufen abwärts treffen Sie wieder auf den Hauptweg und halten sich zweimal links. Vorbei an größeren Sand- und Moosflächen und weiteren Wacholderbüschen führt der Weg nach links in einen Mischwald aus Kiefern, Wacholder, Heide und Birken und trifft dort auf einen Waldweg. Ihm folgen Sie nach rechts und an der nächsten Verzweigung nach links.

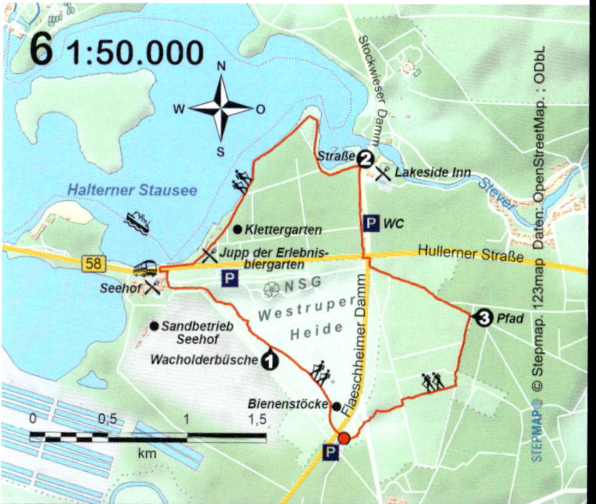

Auf der Rückseite des Hotels Seehof geht es nach rechts zur viel befahrenen Straße und dort nach links zum Zebrastreifen. Auf der anderen Straßenseite gehen Sie nach rechts, überqueren ein Seitensträßchen und biegen direkt vor dem Erlebnisbiergarten links ein.

Jupp der Erlebnisbiergarten, Hullerner Str. 107, 45721 Haltern am See, ☏ 023 64/52 16, bei schönem Wetter immer geöffnet, Burger, Currywurst, Schnitzel, Salat, Kuchen in verschiedensten kleinen Unterständen wie in Holzfässern und Gondeln in großem Außengelände

Vorbei an einem Hochseilgarten wird aus dem Lattenzaun zur Linken ein offener Zaun, der den Blick auf den Halterner Stausee freigibt.

☹ Wegen des Zaunes gibt es keinen Seezugang.

Jetzt begleitet Sie hoher Mischwald auf dem Weg immer oberhalb des Seeufers. An der Spitze der Halbinsel ist durch die Bäume die Staumauer des Sees zu erkennen. Dann umrunden Sie eine Bucht mit kleinen Inseln. Direkt vorm Erreichen der Straße ❷ biegen Sie nach rechts ab auf einen breiten Weg, der durch ein hohes Buchenspalier parallel zur Straße im Wald verläuft.

Auf dem Uferweg

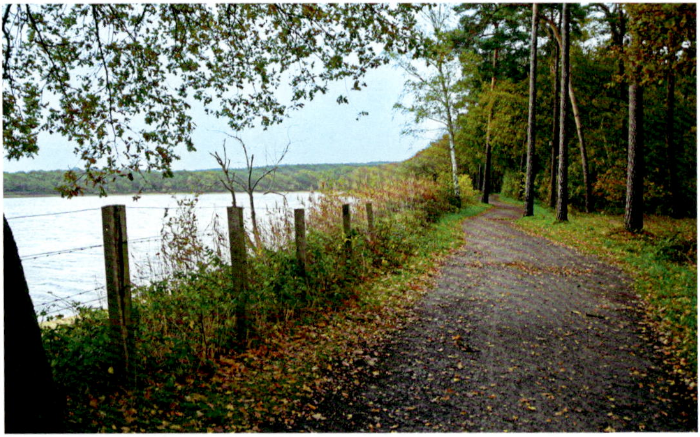

✕ **Lakeside Inn**, Stockwieser Damm 291, 45721 Haltern am See, ☏ 023 64/50 60 80, 🚪 So-Do 9:00-22:00, Fr/Sa 9:00-23:00, amerikanisches Restaurant mit Strand an der Stever

Sie treffen auf eine große Straßenkreuzung, die Sie über zwei Ampeln zur schräg gegenüberliegenden Ecke überqueren.

Sie gehen in ursprünglicher Richtung weiter und biegen nach wenigen Metern nach links in einen breiten Waldweg ein. Eine Weile marschieren Sie durch hohen Buchen- und Kiefernwald. Bei der zweiten Abzweigung, die mit einem Naturschutzschild markiert ist, biegen Sie nach rechts ab auf einen deutlichen Pfad ❸.

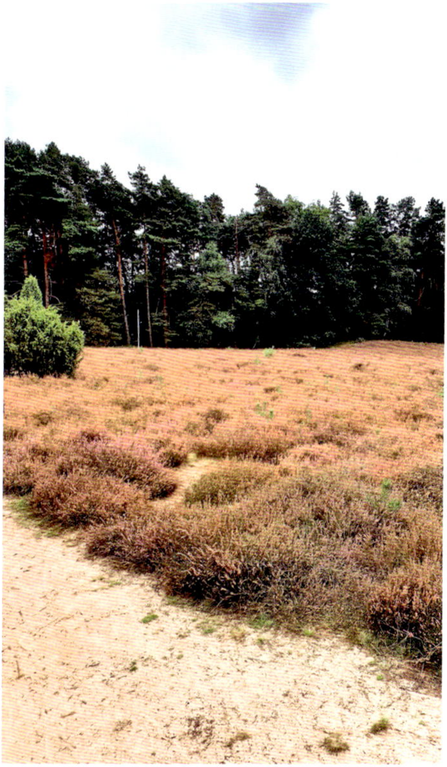

Blick auf die Heide © Alexandra Sauerland

Dieser führt über zwei der nacheiszeitlichen Dünenhügel. Dann geht es bergauf und durch eine Linkskehre. Anschließend biegen Sie nach rechts ab. An einer T-Kreuzung mit einem etwas breiteren Weg gehen Sie nach links und kurz danach wieder nach rechts auf einen schmalen Pfad. Dieser führt durch den Waldrand an einer Wiese entlang und bringt Sie zu einer Straße.

Auf der anderen Straßenseite setzt er sich leicht links versetzt zwischen zwei Hinweisschildern fort. Noch einmal wandern Sie durch Wacholderheide, halten sich an einer Verzweigung geradeaus und treffen wieder auf den Parkplatz.

7 Baumberge

Tour für Liebhaber und Liebhaberinnen bewaldeter Kuppen

Auf den Höhen der Baumberge hat sich ein lang gestrecktes Waldgebiet mit hohem Buchenmischwald erhalten. Von dessen Rändern können Sie, trotz der geringen Höhe, weit ins flache Münsterland blicken. Ein stillgelegter Steinbruch, eine frühmittelalterliche Befestigungsanlage, eine Quelle und eine Kapelle liegen in den Wald gebettet und warten darauf, von Ihnen entdeckt zu werden.

- Start/Ziel: Wanderparkplatz Baumberge an der L874 zwischen Nottuln und Havixbeck, GPS N 51°57.450' E 007°22.850'
- 12,0 km
- 3 Std.
- 225 m/225 m
- 110-200 m
- keine einheitliche Markierung
- überwiegend Forstwege, wenig schmale Straße, zwei kurze Stücke Pfade (können umgangen werden)
- Teitekerl (km 11), Longinusturm
- Relaxbank (km 8,8), Bänke an der Kapelle (km 9,9)
- Abwechslungsreich für Große. Mit Kleinen empfiehlt sich, beim Parkplatz Schapdetten in der Nähe vom Abzweig an dem Feldrand ❶ zu parken: von dort geradeaus auf den Wald zu, erste rechts und Beschreibung folgen, auf dem Rückweg an der Relaxbank links abbiegen Richtung Auto.
- bei Umgehung der Pfade mit Buggy geeignet
- Hier sind viele Spaziergänger mit Hunden unterwegs, kein Wasser, Freilaufmöglichkeit außerhalb des Waldes.
- Parkplatz an Start/Ziel, Parkplatz Schapdetten GPS N 51°56.610' E 007°24.332'
- Havixbeck, Haltestelle „Schulz", u. a. Linie B32 zwischen Havixbeck und Nottuln (4x täglich), Richtung Teitekerl und hinter Waldspielplatz links

Gegenüber der großen Infotafel startet die Wanderung auf dem geschotterten Forstweg. Durch hohen Mischwald mit niedrigem Unterwuchs geht es aufwärts und an der ersten Kreuzung geradeaus. Sie folgen immer dem Hauptweg, meist durch schattigen Wald, aber auch an einigen Freiflächen und einem Feld vorbei.

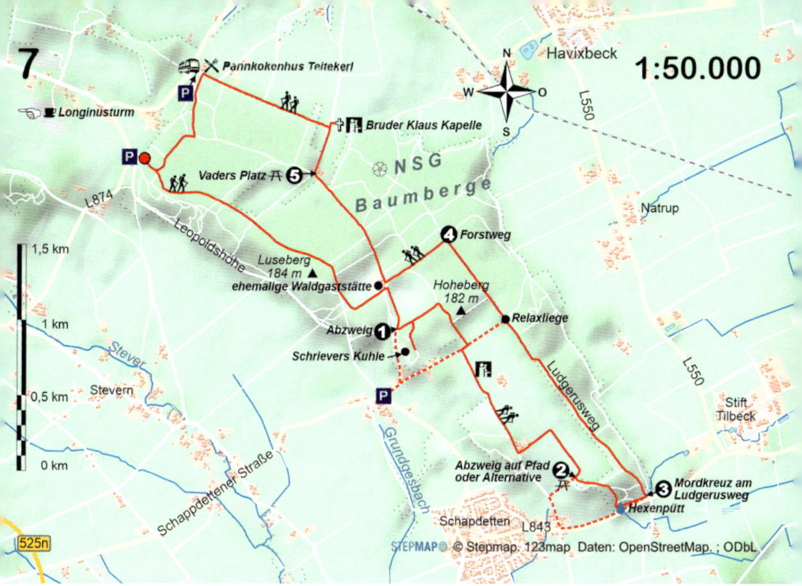

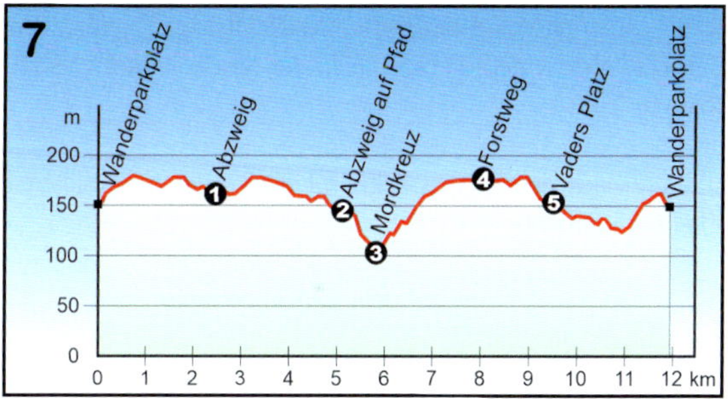

Am Ende des zweiten Feldes beschreibt der Weg eine Linkskurve und führt neben der geschlossenen Waldgaststätte zu einem Sträßchen. Hier biegen Sie rechts ab, vorbei an den Freerider-Sprungschanzen rechts im Wald.

↳ Wer die folgende Passage mit Trampelpfaden nicht gehen möchte, wandert geradeaus bis zur nächsten Straße, dort links und die nächste Straße rechts.

Am Ende des Feldes auf der linken Seite biegen Sie auf den Weg nach links ab ❶. Nach einigen Metern führt er rechts in den Wald und verzweigt sich. Hier verläuft die Wanderung geradeaus weiter, aber Sie können einen Abstecher nach rechts unternehmen.

Die folgenden Abbruchkanten sind nicht geschützt und von schräg abfallendem Waldboden bedeckt.

Der Pfad nach rechts führt oberhalb der Sandsteinklippen von Schrievers Kuhle entlang, einem aufgegebenen Steinbruch. Der Abstecher endet in einem Rund aus Wällen und es geht zurück zur letzten Verzweigung und dort rechts.

Am Ende des Feldes biegen Sie auf einen schmalen Pfad nach rechts ab, der zuerst etwas zugewachsen durch den Wald und dann am Feldrand entlangführt. Beim breiten Querweg biegen Sie nach rechts ab und anschließend auf Asphalt nach links. Von diesem Anliegersträßchen haben Sie an mehreren Stellen eine weite Aussicht ins Münsterland. Hinter dem zweiten Gehöft biegen Sie links ab und folgen dem Feldweg um zwei Rechtskehren.

Auch die folgende Passage kann umgangen werden: Biegen Sie nicht auf den Pfad ab, sondern gehen Sie an der Straße links bis zur L843 und dort auf Radweg links.

Kurz nach der zweiten Kehre ❷ biegt in einem Waldstreifen ein deutlicher Pfad nach links ab.

Ein paar Schritte auf dem Sträßchen weiter steht am Waldrand eine Bank mit schöner Aussicht.

Bei der ersten Verzweigung halten Sie sich schräg rechts. Dann geht es abwärts zu einem Bereich mit Wällen und einer Kuhle. Sie gehen direkt am linken Rand der Kuhle entlang, geradeaus zum Waldrand und über einen schmalen Wiesenstreifen. Wieder im Wald blicken Sie auf die Brücke am Hexenpütt in der Senke unterhalb und gehen rechts herum zur und über die Brücke. Beim Hexenpütt handelt es sich um eine Springquelle, in der ähnlich einem Geysir periodisch Wasser aufsteigt, was in der sumpfigen Umgebung allerdings nicht auffällt.

Nach Überquerung der Brücke marschieren Sie auf dem Pfad in Straßennähe bis zum Platz am Mordkreuz.

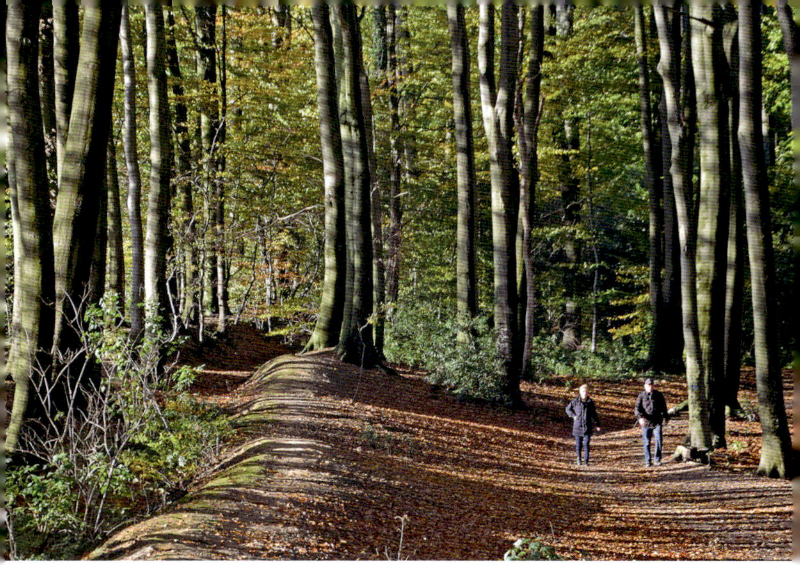

Landwehr

Das Mordkreuz wurde 1764 als Sühnekreuz für die Ermordung einer „Meierschen" von Tillbeck errichtet. Damals verlief hier eine Königsstraße von Münster in die Niederlande und es stießen die Landwehren von drei Kirchspielen zusammen. Das Kreuz wurde beim Bau der Landstraße um einige Meter versetzt.

Hier geht es links auf dem Baumberger Ludgeruswegweiter ❸, ein Hohlweg beschildert mit einem stilisierten L mit Bischofsstab auf lila Grund. Nach ordentlichem Anstieg bleiben Sie an einer Verzweigung rechts, dann ist der anstrengendste Teil der Steigung geschafft. Der breite Weg verläuft jetzt in offenem, hohem Buchenwald entlang einer mächtigen, dreiwalligen Landwehr.

Landwehr, eine mittelalterliche Befestigungsanlage

Im Mittelalter wurden Landwehren gebaut, um das Territorium einer Stadt oder Grafschaft zu schützen. Sie bestanden aus ein bis drei Erdwällen, an deren Füßen sich Wassergräben erstreckten und die mit dicht wuchernden, dornigen Hecken bepflanzt waren wie zum Beispiel Weißdorn, Schlehe, Rosen und Ilex. Diese Hecken wurden gepflegt und der Aufwuchs hoher Bäume verhindert, sodass sie fast undurchdringlich waren. Nur entlang der Handelsstraßen gab es Durchgänge, die mit bewachten Schlagbäumen geschützt wurden.

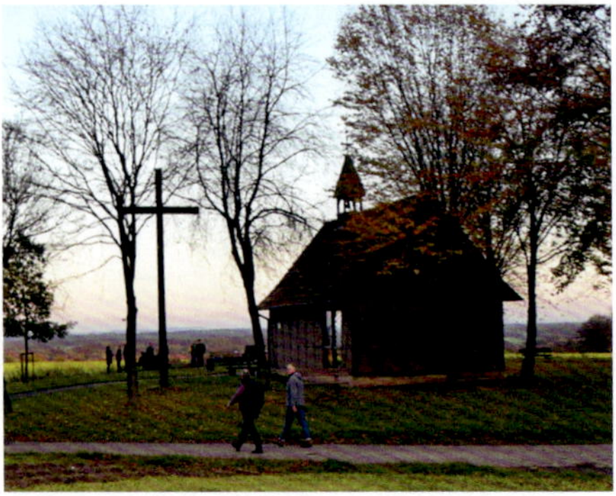

Abendstimmung an der Bruder-Klaus-Kapelle

In einem kurzen Streifen dunklen Nadelwaldes macht der Weg eine Links-rechts-Kehre und verläuft anschließend auf der anderen Seite der Landwehr am Feldrand. Vorbei an einer Relaxliege mit weiter Aussicht geht es geradeaus in den Wald.

Im Wald biegen Sie beim ersten gut ausgebauten Forstweg dem Ludgerusweg folgend nach links ab ❹. Der Weg wird zum Pfad und bringt Sie auf den Kamm der Baumberge bei der geschlossenen Waldgaststätte. Hier biegen Sie nach rechts ab. Jetzt folgen Sie dem Hauptweg immer auf der Höhe der Baumberge durch dichten Wald bis zur kleinen Freifläche Vaders Platz mit Bänken beim eingezäunten Bereich einer Zisterne ❺.

Direkt hinter dem Zaun führt ein breiter Weg rechts abwärts zur Bruder-Klaus-Kapelle mit fantastischer Aussicht Richtung Norden. Vor der Kapelle gehen Sie nach links und wandern leicht abwärts, bis Sie das Pfannkuchenhaus Teitekerl erreichen.

✕ **Hotel Café Pannkokenhus Teitekerl**, Lasbeck 43, 48329 Havixbeck, ☏ 025 07/12 70, Mi-Mo 11:00-20:00, Kuchen, Pfannekuchen, kleine Gerichte

Hier führt vor dem Waldspielplatz ein breiter Weg links hoch in den Wald, gekennzeichnet wieder als Ludgerusweg. An einer T-Kreuzung fast auf dem Kamm biegen Sie rechts ab und folgen dem Hauptweg durch eine Linkskehre. Er führt Sie zurück auf den breiten Forstweg, auf dem Sie starteten und dem Sie nach rechts zum Parkplatz folgen.

Nur 1,5 km vom Parkplatz an Start/Ziel ist der Longinusturm entfernt, ein Aussichtsturm mit Gastronomie. Dazu biegen Sie vom Parkplatz rechts ab, in der folgenden 180°-Kehre links und dann bei Erreichen des freien Feldes mit Blick auf den Sendeturm links.

✕ **18|97 Café am Longinusturm**, Baumberg 45, 48301 Nottuln, ☏ 025 02/483 71 90, Mitte Mai-Mitte Oktober Di-Fr 14:30-18:00, Sa/So 11:00-18:00

8 Venner Moor und Dortmund-Ems-Kanal

Tour für Wasserbegeisterte

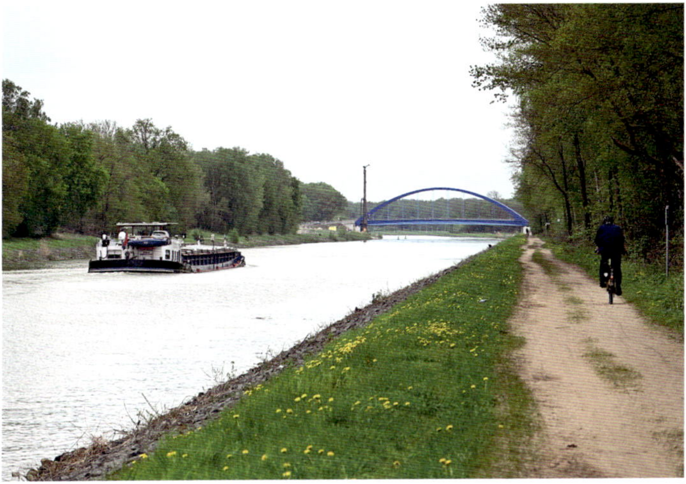

Auf dem Uferweg am Dortmund-Ems-Kanal

Von Wasser geprägte Landschaften sind Thema dieser Wanderung. Teils auf Stegen wandern Sie durch die urwüchsige Natur des Venner Moors mit seinen Tümpeln, Sümpfen und Bruchwäldern. Der ruhig zwischen Wiesen und Wald verlaufende Dortmund-Ems-Kanal begleitet Sie auf dem Rückweg. Naturbelassene Waldgebiete runden diese Wanderung ab.

- Start/Ziel: Parkplatz Venner Moor, Kappenberger Damm, 48163 Münster, GPS N 51°51.850' E 007°32.883'
- 6,9 km
- 1 Std. 30 Min.
- 5 m/5 m
- 60-65 m
- keine einheitliche Markierung
- breite Waldwege und breiter Bohlensteg überwiegend mit Schatten, geschotterter Radweg am Kanal ohne Schatten

- keine Einkehrmöglichkeit
- kein Picknickplatz
- kurz, spannend, abwechslungsreich, sehr gut geeignet
- Geeignet mit Buggy, nach dem Abzweig von der Straße ❷ evtl. etwas matschig und holprig, an der Brücke führen Stufen hinunter.
- für Hunde gut geeignet, Moor- und Kanalwasser, am Kanal Möglichkeit zum Freilauf
- Parkplatz an Start/Ziel
- Senden-Venne, Haltestelle „Venner Moor", Linie R41 zwischen Münster und Ottmarsbocholt, etwa stündlich, an Start/Ziel
- Im Venner Moor fühlen sich auch Mücken sehr wohl, denken Sie an Mückenspray!

Bohlenweg im Venner Moor

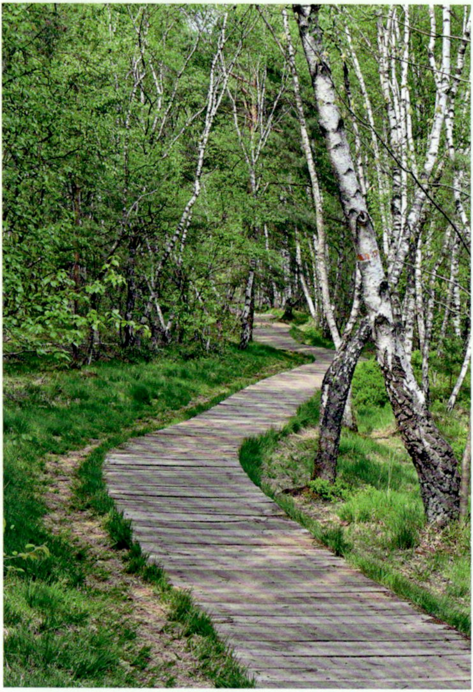

Das Venner Moor ist ein Tausende Jahre altes Hochmoor mit bis zu 4 m dicken Torfschichten. Heute ist die Hälfte des früheren Moores unter Naturschutz gestellt. Aufgrund von Entwässerung und Abstechen von Torf als Brennstoff ist die Torfauflage weitgehend verschwunden. Trotzdem ist der moortypische Lebensraum weiterhin vorhanden und in alten Torfstichen haben sich Seen gebildet. Die Wiedervernässung führt zu einer Regenerierung des Moores, in dem Torfmoose und Wollgräser wachsen und die Birken absterben.

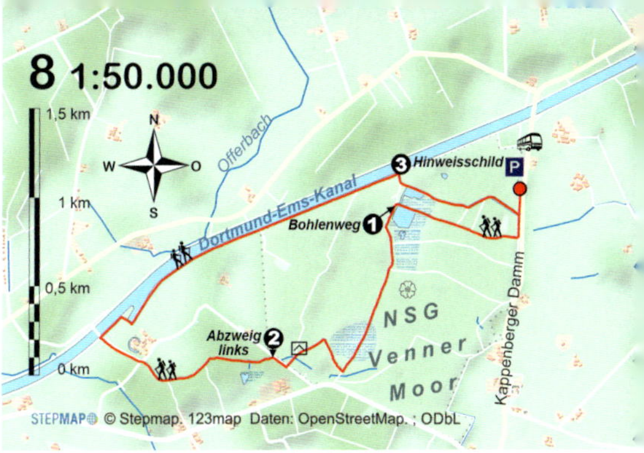

Von dem Parkplatz aus gehen Sie in die vom Kanal wegführende Richtung und am Infoschild auf einem breiten Fußweg parallel zur Venner Straße weiter. Beim zweiten Abzweig biegen Sie nach rechts ab und wandern zwischen Birken, dann begleiten Sie feuchte Moorflächen mit Tümpeln. Sie folgen dem Weg geradeaus, bis Sie auf einen Bohlenweg ❶ treffen. Hier biegen Sie nach links ab und spazieren durch ein sumpfiges Moorgebiet. Bänke und Stämme ermöglichen einen Stopp, um Pflanzen und Tiere bewusster wahrzunehmen.

Der Bohlenweg geht wieder in einen Forstweg über. Auf diesem wandern Sie, bis Sie vor sich die Straße und ein Holzgeländer sehen. Hier zweigt nach rechts ein mit „X" gekennzeichneter Weg ab. Er führt um eine Linkskehre durch den Wald. Am nächsten Querweg gehen Sie nach links, an einer Schutzhütte vorbei und an der Straße nach rechts.

Dem nächsten Weg nach links ❷ folgen Sie wieder in den Wald. Im hohen Buchenwald bleiben Sie immer auf dem Hauptweg und biegen nicht nach links ab. Bei einer matschigen Stelle teilt der Weg sich kurz, dann leitet ein Stechpalmenspalier zu einem Gehöft und einem Straßendreieck.

Geradeaus wandern Sie auf der Straße bis zur Brücke und direkt vor dieser nach links über die Stufen hinunter zum Weg am Dortmund-Ems-Kanal. Dort biegen Sie nach rechts ab, unter der Brücke hindurch und folgen jetzt der künstlichen Wasserstraße. Sie hat ihren Teil zur Zerstörung des Venner Moores beigetragen, verläuft sie doch durch ehemaliges Moorgebiet. Trotzdem können Sie heute die Ruhe am Wasser genießen, die nur von einzelnen vorbeiziehenden Frachtschiffen unterbrochen wird. Der Sportboothafen wird nach rechts umgangen, dann verläuft der Weg wieder direkt am Kanal.

Drei Abzweige nach rechts ignorieren Sie und biegen erst beim Schild „Bohlenweg / Venner Moor" und „Naturschutzgebiet" ab ❸. Hier treffen Sie sofort auf die einzige kleine Heidefläche des Moores und gehen an der dortigen Verzweigung nach links.

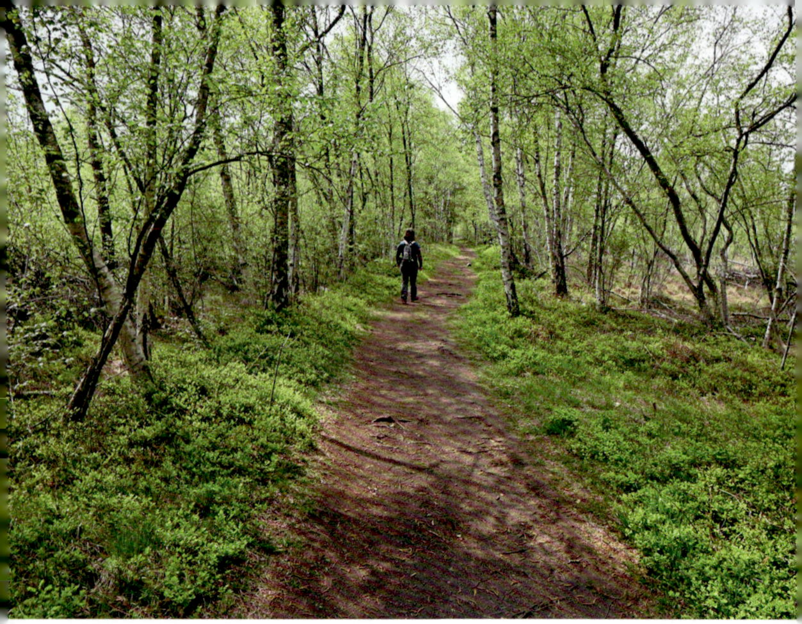

Naturnaher Weg ins Venner Moor

Der Weg führt vorbei an einer binsenbestandenen Feuchtwiese. Bei Verzweigungen halten Sie sich links auf dem Hauptweg und wandern an riesigen Rhododendren und einigen Azaleen vorbei bis zum Weg parallel der Venner Straße. Hier gehen Sie nach links zurück zum Parkplatz.

9 Hohe Ward und Davert

Tour für Waldläufer und Waldläuferinnen

Zwei sehr unterschiedliche Waldgebiete bieten das Terrain für diese Wanderung: der Kiefernmischwald auf den trockenen Sandböden der Hohen Ward und der Buchen-Eichen-Mischwald auf den feuchten Humusböden der Davert. Dazwischen genießen Sie die typische Münsterländer Parklandschaft mit kleinteiligen, heckengesäumten Feldern. Zum Schluss erwartet Sie ein absolutes Highlight, der wildromantische Pfad neben und auf einer Landwehr, einer mittelalterlichen Befestigungsanlage.

Start/Ziel: kleine Parkfläche neben dem Radweg der B54 gegenüber von Haus Heidhorn, GPS N 51°52.750‘ E 007°39.050‘

16,6 km

4,5 Std.

15 m/15 m

55-65 m

keine durchgängige Markierung

meist breite Forstwege und schattig, im Mittelteil zwischen den Waldgebieten teilweise Sträßchen ohne Schatten, außerdem einzelne Pfade

keine Einkehrmöglichkeit

auf Baumstümpfen (km 10,9), beim NABU-Gelände (km 16,4)

Für die meisten Kinder wird die gesamte Runde zu lang sein. Definitiv lohnend ist aber ein Besuch des NABU-Geländes bei Haus Heidborn mit Picknicktischen, kleinem Lehrpfad, mehreren markierten Rundwegen und Bauerngarten. Außerdem von dort möglich: 1. ein Spaziergang zur Landwehr: zwischen NABU-Gelände mit Picknicktischen und NABU-Gebäude mit Bauergarten hindurch geradeaus in den Wald, zur Landwehr 500 m eine Richtung ab NABU-Gelände, 2. eine kleine Wanderung zum Hiltruper See mit Spielplatz: dazu Wanderbeschreibung folgen, 1 km eine Richtung ab Parkplatz

ungeeignet

viele Forstwege, immer wieder Wasser, im Bereich zwischen den beiden Wäldern Möglichkeit zum Freilauf, deshalb gut geeignet

Parkfläche an Start/Ziel, weitere Parkplätze entlang der kurzen Straße rund um die Gebäude von Haus Heidborn, Abzweig vor und nach der Parkfläche an der B54 beschildert

Rinkerode, Haltestelle „Haus Heidborn“, Linie 341 zwischen Münster und Drensteinfurt/Ascheberg, etwa stündlich, an Start/Ziel

Seit 2000 ist die Davert ein Naturschutzgebiet, das sich auf fünf Teilflächen zwischen Münster und Senden in einer naturnah bewaldeten Flachmulde erstreckt. Sie dient zum Schutz des ausgedehnten Laubwaldes und der angrenzenden oder umschlossenen Offenlandbiotope.

Die Hohe Ward liegt auf dem Münsterländer Kiessandzug, einer Rinne des Gletscherwassers der Saaleeiszeit vor etwa 200.000 Jahren, die von mitgeführtem Sand und Kies verfüllt wurde. Sie ist als Trinkwasserschutzgebiet ausgewiesen, auf dem trockenen Boden wachsen viele Kiefern.

Das historische, wirkende Torhaus von Haus Heidhorn an der Bundesstraße gegenüber vom Parkplatz wurde 1904 erbaut. Die verschiedenen Bauten auf dem Gelände beherbergen ein Seniorenwohnheim der Alexianer, die NABU-Naturschutzstation Münsterland im ehemaligen Schwesternwohnheim mit großem Außengelände und bis vor einigen Jahren eine Flüchtlingsunterkunft.

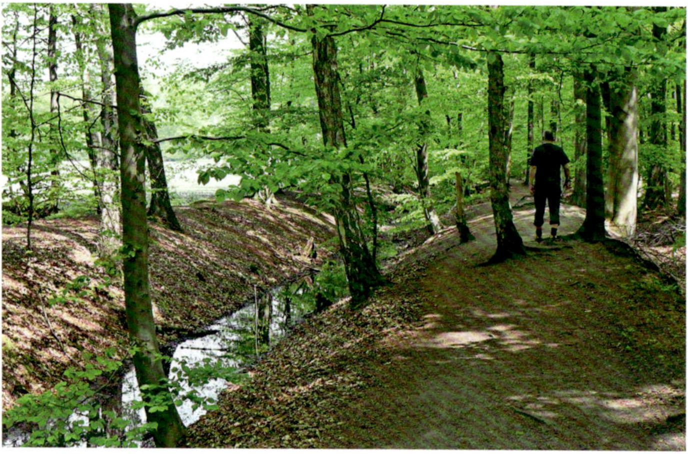

Pfad auf der Landwehr, einer mittelalterlichen Befestigung

Die Wanderung startet von der Straße weg geradeaus in den Wald. An einer Verzweigung erreichen Sie eine große Station des Wald-Klima-Lehrpfades des NABU und biegen auf den Pfad links am Waldrand ab. Am nächsten breiten Querweg gehen Sie nach rechts. Auf das Sträßchen biegen Sie links ab und sofort wieder rechts.

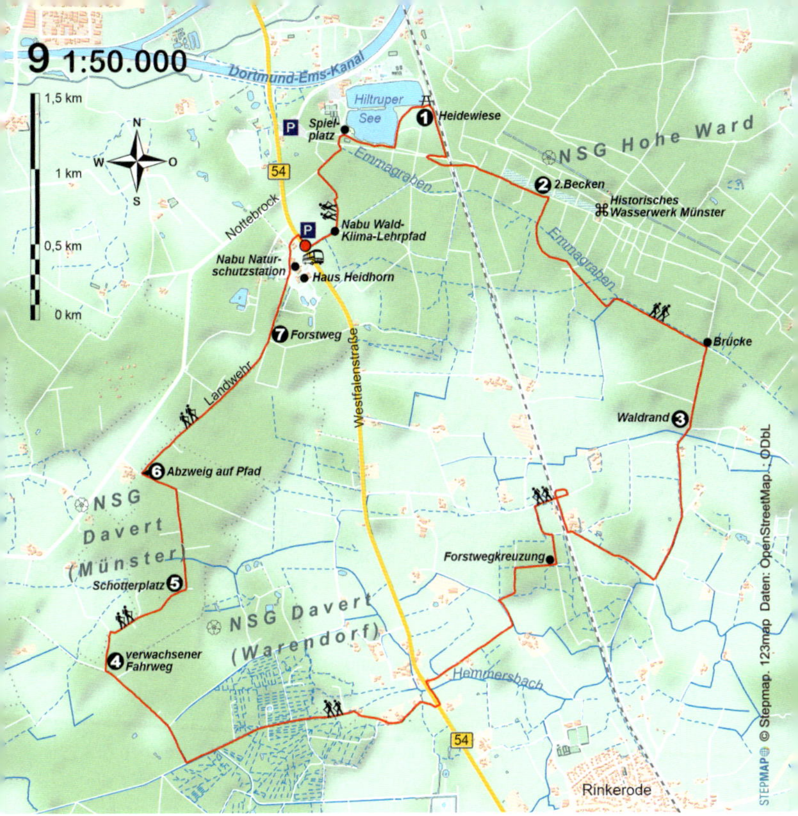

Vor dem Spielplatz, hinter dem sich ein kleiner Strandbereich befindet, gehen Sie rechts vorbei und am Uferweg des Hiltruper Sees ebenfalls rechts.

☹ Im Hiltruper See herrscht Badeverbot.

Jetzt folgen Sie dem Seeweg, der einzelne schattige Zugänge ans Wasser bietet, und biegen bei der zweiten Möglichkeit nach links ab, weg von der parallel verlaufenden Straße. Der Weg führt aus dem Uferwald heraus, an einer wilden Heidewiese ❶ entlang und bis zu einer Gabelung bei einem weiteren Strandbereich mit Bänken.

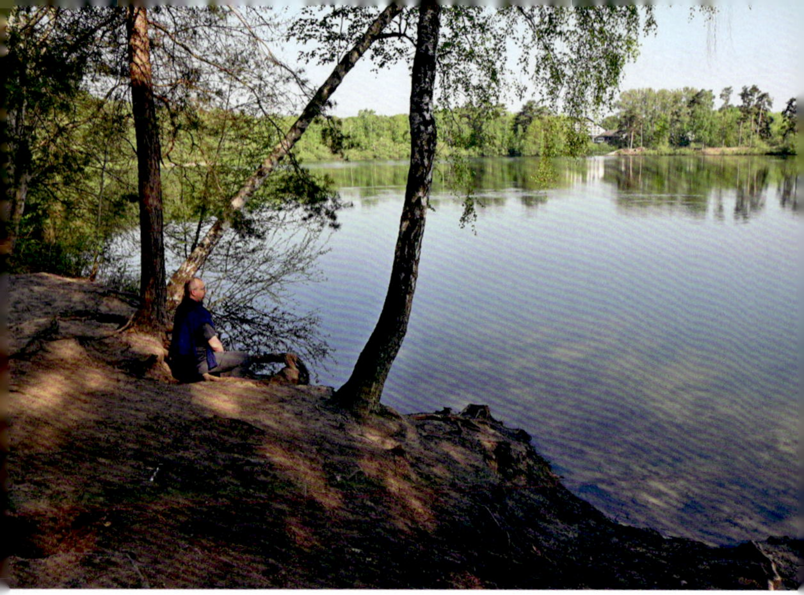

Hiltruper See

Hier biegen Sie nach rechts ab und wandern zwischen Eisenbahnlinie und der Heidewiese entlang. Vor einer Brücke leitet der Hauptweg nach rechts und hoch zum Sträßchen. Diesem folgen Sie nach links über die Brücke und gehen geradeaus auf den breiten Sandweg. Er führt vorbei an den Infiltrationsteichen des Wasserwerks Münster, die als Regenauffang- und Versickerungsbecken für die Wasserversorgung dienen, und ist bei Spaziergängern beliebt. Kurz vor Ende des zweiten Beckens ❷ biegen Sie nach rechts ab auf einen Forstweg.

↳ An dieser Stelle führt ein Abstecher geradeaus nach 350 m zum Historischen Wasserwerk Münster.

Auf dem Forstweg wandern Sie durch den hohen, stillen Kiefernmischwald der Hohen Ward und durch eine lange Links-rechts-Kehre. An einer Kreuzung geht es geradeaus weiter. Nach einer weiteren, engeren Links-rechts-Kehre gehen Sie direkt am Emmagraben entlang.

Sie treffen auf einen breiten Forstweg (Brücke links) und biegen rechts ab. Am Waldrand ❸ halten Sie sich schräg rechts und wandern am nächsten Anwesen vorbei.

Sie treffen auf Asphalt und wandern wieder nach rechts durch die malerische Landschaft aus Feldern und Baumbeständen. An der nächsten Verzweigung geht es ebenfalls rechts weiter. Das Sträßchen führt bei einem Gehöft geradewegs auf die Eisenbahn zu und direkt am Bahndamm nach rechts. Sie gehen unter der Eisenbahnbrücke hindurch, biegen danach rechts ab und überqueren die Eisenbahn auf der Brücke.

Bei der nächsten Möglichkeit biegen Sie nach links ab auf ein Sträßchen, das bald geschottert ist. Nach der Linkskehre geht es auf breitem Forstweg nach rechts in den Wald. An einer Forstwegekreuzung im hohen, offenen Buchenwald gehen Sie nach rechts, folgen dem Weg durch eine Links-rechts-Kehre und verlassen den Wald wieder. Auf dem Feldweg am Waldrand wandern Sie nach links, treffen auf Asphalt und gehen dort nach rechts. An der Bundesstraße biegen Sie links ab, überqueren den Hemmerbach und biegen anschließend in das nächste Sträßchen rechts ab (beschildert „B. Bonne").

Am Ende des Sträßchens führt der Weg weiter geradeaus in den Laubwald der Davert. Es geht an einem Graben entlang und vorbei an einer freigeschlagenen Fläche, wo Baumstümpfe sich als Rastfläche anbieten. Sie gehen eine ganze Weile geradeaus, dann biegen Sie beim nächsten Forstweg rechts ab. Vorbei an zwei Wiesen bzw. Feldern im Wald, Birkenbruchwald zur Rechten und einer Schranke erreichen Sie eine Linkskehre. Direkt am Ende der Kehre biegen Sie nach rechts ab auf einen etwas verwachsenen Fahrweg ❹. Er führt nahe am Feldrand entlang und bei der nächsten Verzweigung bleiben Sie rechts im Wald. Gräben und Tümpel, in denen Sumpfiris gelb blühen, begleiten Sie. Dann verläuft der Pfad auf einer breiten, ehemaligen Fahrwegtrasse. Sie wandern durch hohen Buchenwald, ohne abzubiegen, und kommen zu einem breiten Schotterplatz ❺.

Hier geht es nach links weiter, immer geradeaus bis zu einer T-Kreuzung und dort auf breitem Schotterweg links. Sie wandern jetzt auf einen Hof zu und biegen kurz vor Hof und Waldrand nach rechts auf einen deutlichen Pfad ab ❻. Er führt geradewegs auf Haus Heidborn zu und dabei zuerst neben einer Landwehr entlang (Landwehr ☞ Tour 7). Später verläuft er auf dem ersten Damm. Diesem wildromantischen Pfad an und auf der Landwehr folgen Sie, ohne abzubiegen, bis er auf die Kehre eines breiten Forstweges trifft ❼. Hier gehen Sie geradeaus weiter. Bald sehen Sie Bänke und Relaxbänke rechts im Wald und treffen anschließend auf die Gebäude rund um Haus Heidborn.

Vor einer ehemaligen Flüchtlingsunterkunft gehen Sie nach links, spazieren am NABU-Gebäude mit Bauergarten vorbei und dann nach links am NABU-Gelände mit Picknicktischen und kleinem Lehrpfad entlang. Dem Schotterweg folgen Sie bis zur Straße. Diese überqueren Sie und gehen auf dem Radweg noch einige Schritte nach rechts zum Parkplatz.

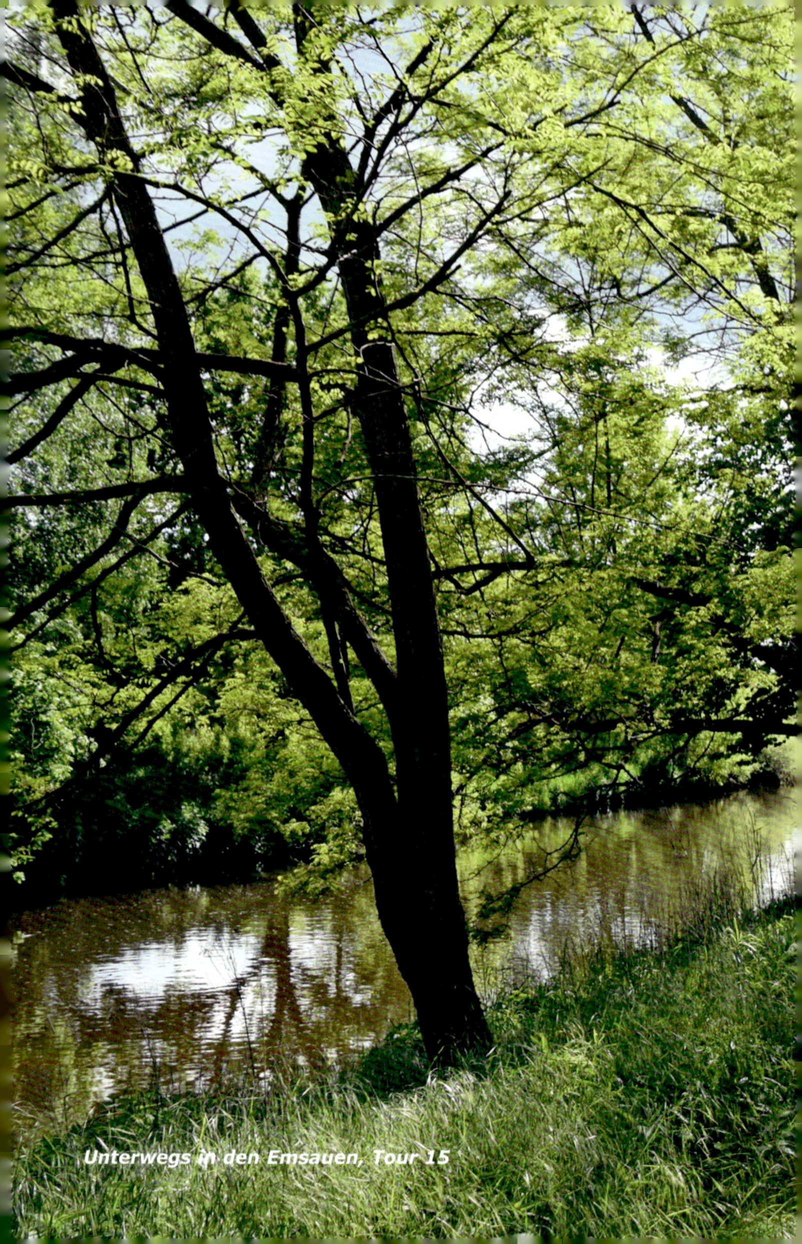

Unterwegs in den Emsauen, Tour 15

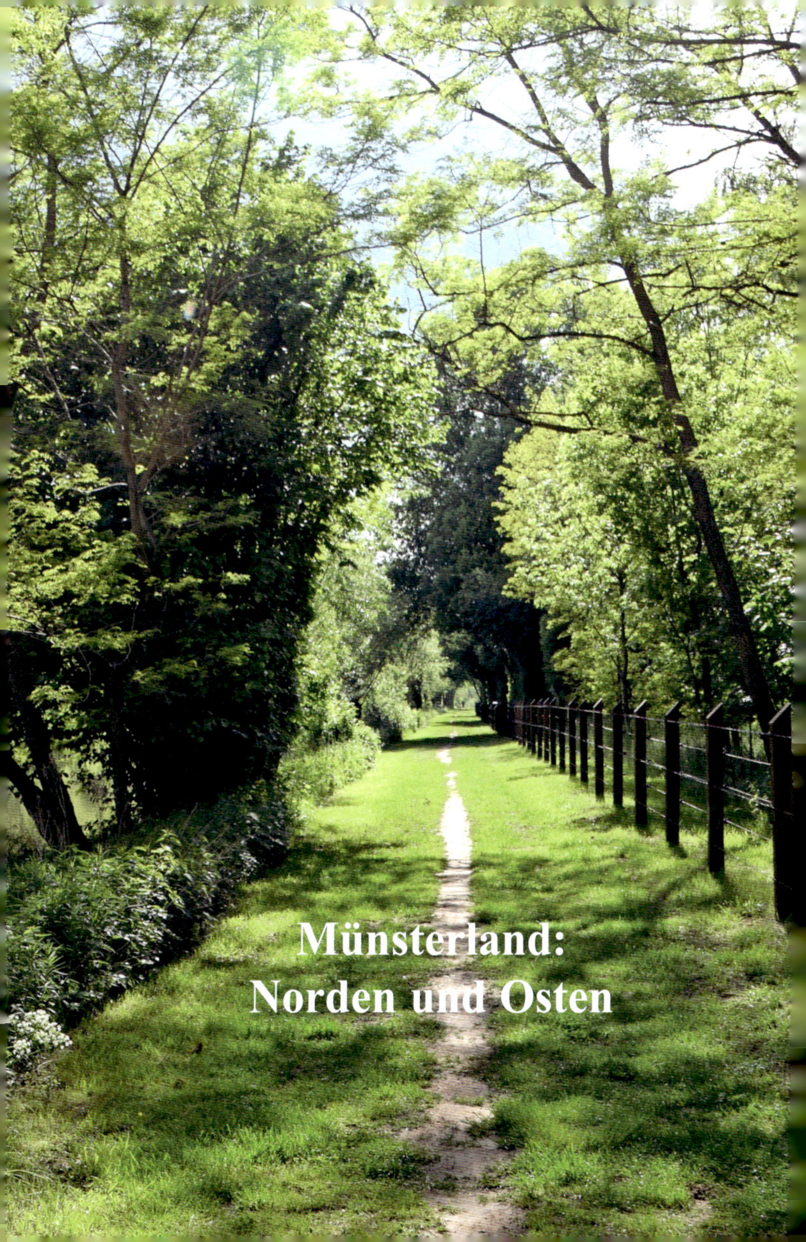

⑩ Emsdettener Venn und Max-Clemens-Kanal

Tour für Venn- und Vogelinteressierte

Ein Teil der früher weitreichenden Moorlandschaft des Münsterlandes hat sich im Emsdettener Venn erhalten. Zusammen mit den Wiesen am Max-Clemens-Kanal, einem Relikt früher Handelswege, bieten sie ein prächtiges Mosaik aus Feuchtgebieten, Seen, Moor und Wiesen – Lebensraum für eine reiche Tier- und Vogelwelt. Machen Sie sich auf den Weg, diese verschiedenen Naturlandschaften und ihre Bewohner kennenzulernen!

Start/Ziel: Wanderparkplatz Emsdettener Venn an der L583, GPS N 52°10.550' E 007°28.050'

13,6 km

3 Std. 30 Min.

10 m/10 m

45-55 m

keine einheitliche Markierung

viele Fahr- und Wirtschaftswege, einige schmale, teils gesperrte Sträßchen (2,5 km), einige Pfade, 670 m auf dem Seitenstreifen einer Landstraße

keine Einkehr direkt an der Tour, Clemenshafen über 1,3 km langen Abstecher erreichbar

Start/Ziel, bei km 7,7 und km 12,2

Wenn die Gesamtrunde zu lang ist: je nach Alter bis zum Aussichtsturm nach dem Abzweig vom Hindenburgweg ❶ und auf dem Hauptweg zurück (Lehrpfad, 4,4 km) oder bei dem Abzweig des Vennrundweges ❸ nach links und auf dem Hauptweg zurück (8,2 km)

Der einfache Rundweg ums Moor lässt sich mit einem Buggy fahren, das bedeutet auf dem Hindenburgweg geradeaus bis zum Aussichtsturm und beim Wiesenweg ❷ geradeaus.

trotz von Wasser geprägter Landschaft wenig geeignetes Wasser zum Saufen, dafür überwiegend pfotenfreundliche Wege, Möglichkeit zum Freilaufen nach Abbiegen von der Landstraße und nach Grafensteiner See

Parkplatz an Start/Ziel

Emsdetten, Haltestelle „Venn", Linien C2 von Bahnhof Emsdetten (nicht So) und 261, stündlich, an Start/Ziel

Auf dem Wanderparkplatz wird es am Wochenende voll.

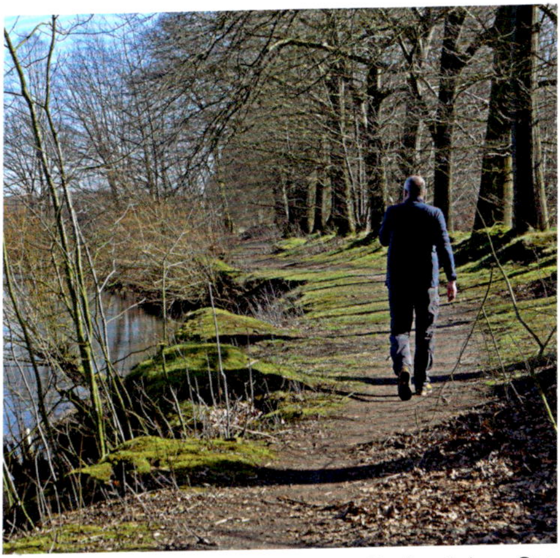

Uferweg am Grafensteiner See

Direkt beim Parkplatz überqueren Sie die Straße und starten auf dem breiten Wirtschaftsweg gegenüber, dem Hindenburgweg. Über eine erste Kreuzung und vorbei an einem Haus biegen Sie an der zweiten Kreuzung auf einen Fahrweg nach rechts ab. Jetzt umrunden Sie die extensiv genutzten Wiesen am Rande des Venns auf dem Lehrpfad. An der nächsten Verzweigung gehen Sie links, über eine Kreuzung geradeaus und auf dem schmalen Asphaltsträßchen links. Sie überqueren den Hindenburgweg ❶ und biegen am Ende des Niederwaldes auf den Lehrpfad nach rechts ab. Als schmaler Trampelpfad schlängelt er sich am Rande des Moores entlang. Vielstimmig schallt hier ein Vogelkonzert und mehrere Tafeln des Lehrpfades erklären die Moorlandschaft und ihre Bewohner. Der Pfad endet an einem breiten Wirtschaftsweg, auf dem nach wenigen Metern nach links der Aussichtsturm erreicht ist.

Das Emsdettener Venn

Das Naturschutzgebiet Emsdettener Venn schützt die Reste eines 5.000 Jahre alten, früher weitreichenden Hochmoores. Im Kerngebiet beträgt die Torfstärke etwa 2 m und das Wasser ist sauer mit einem für ein Moor typischen pH-Wert zwischen 3 und 4,5. Bevor die Pläne zur endgültigen Trockenlegung und Kultivierung umgesetzt werden konnten, wurde das Venn 1941 unter Schutz gestellt. Seit 2004 ist es zusammen mit den Wiesen am Max-Clemes-Kanal als Natura-2000-Gebiet der EU ausgewiesen. Um das Venn zu regenerieren, wird Wasser gestaut und der Wuchs von Bäumen wie Birken verhindert. Das Venn ist Heimat für viele seltene Vögel und Amphibien. Der letzte Birkhahn allerdings, früher ständiger Bewohner, wurde 1945 gesichtet.

Weiter geht es auf dem teils sandigen Wirtschaftsweg, mit Blick aufs Moor zur Linken und Wiesen und Bruchwaldflächen zur Rechten. So wandern Sie bis zum Ende der Moorfläche und biegen dort bei der ersten Möglichkeit rechts ab auf einen Wiesenweg ❷. Der nächste Abzweig nach links leitet Sie auf einem etwas überwachsenen Fahrweg durch den Bruchwald. Bei der nächsten Kreuzung am Ende des Waldes biegen Sie erneut nach links ab. Dem jetzt guten Fahrweg folgen Sie am Waldrand entlang über eine Kreuzung. Weiter geht es zwischen Weiden und Feldern im Schatten von Bäumen durch eine Rechts- und eine Linkskehre. Dann erreichen Sie kurz vor der L583 eine Verzweigung ❸, an der Sie rechts abbiegen, und gehen kurz vor der L583 nach links. Sie überqueren die Landstraße und wandern auf dem Seitenstreifen nach rechts.

Nördlich an der L583 nur 1,3 km entfernt liegt das Landgasthaus Clemenshafen, wobei es sich wegen des Weges entlang der Straße eher für einen anschließenden Stopp anbietet.

Landgasthaus Clemenshafen, Emsdettener Str. 250, 48485 Neuenkirchen, ☏ 059 73/32 02, Mi-Sa ab 17:00, So ab 11:00, Clemenshafen war früher das Ende des Kanals

Kurz vor Häusern auf der linken Seite erreichen Sie einen breiten Wirtschaftsweg, auf dem Sie nach links von der Straße wegwandern. Nach einer Linkskurve geht es durch Wald und Felder bis zu einem für den Verkehr gesperrten Sträßchen. Hier wartet ein Unterstand mit Sitzmöglichkeit und Sie wandern nach rechts. Der Grafensteiner See kündigt sich durch eine lange Leitplanke auf der linken Seite an.

Etwa am Ende der Leitplanke führt ein kurzer Pfad nach rechts zum Aussichtspunkt des Naturschutzgebietes Grafensteiner See, der sich als verlandender See mit sumpfigem Uferbereich zeigt.

Ihr Weg führt hinter der Leitplanke nach links auf einen Fahrweg, der am eingezäunten See entlangführt. Für eine Weile ist der Seezugang durch den Anglerverein versperrt, vor der Rechtskehre aber hört der Zaun auf und hier findet sich ein ebener Uferbereich am Wasser.

Es geht weiter um den See mit mehreren Zugängen zum Wasser. Besonders schön ist der Bereich am Südufer, wo der Pfad direkt am Ufer etwas erhöht mit freier Sicht über den See verläuft und rechts von einer Reihe hoher, alter Bäume gesäumt ist.

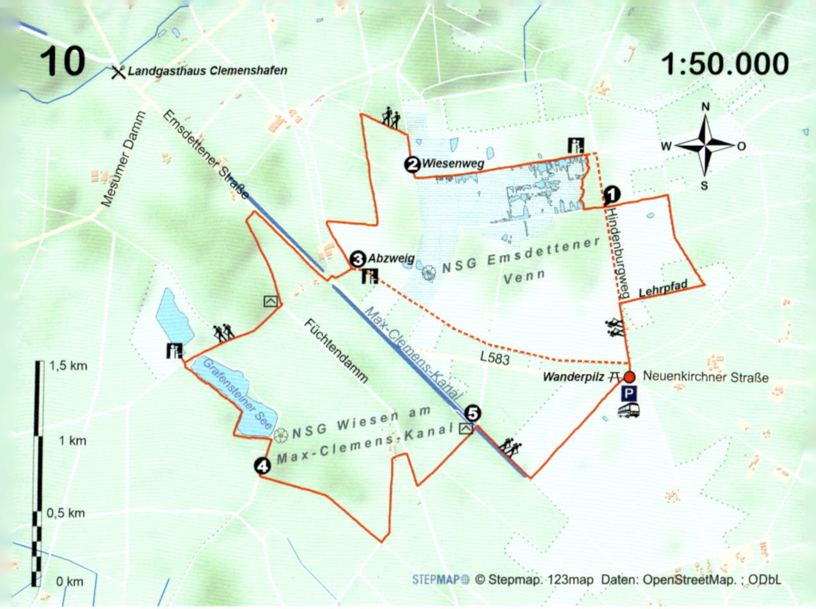

Am Ende des Sees führt der Pfad nach rechts unter Bäume und trifft auf einen Wirtschaftsweg. Dort gehen Sie nach links und folgen sofort der Rechtskehre.

Sie treffen auf ein schmales Asphaltband ❹ und biegen links ab. Am Waldrand und zwischen Feldern hindurch wandern Sie durch typische Münsterländer Parklandschaft. Bei einer 90°-Rechtskehre biegen Sie links ab auf einen Feldweg. Im Schatten von Bäumen laufen Sie auf eine kleine Ansiedlung zu. Nach dem ersten Haus gehen Sie nach rechts und auf dem folgenden Sträßchen ebenfalls nach rechts.

Beim nächsten Abzweig biegen Sie nach links ab auf Asphalt. Einen Feldweg nach rechts ignorieren Sie, dann treffen Sie auf die Kreuzung ❺ mit dem breiten Wirtschaftsweg und parallelem Fußweg am Max-Clemens-Kanal, an der auch eine Schutzhütte steht.

Sie spazieren nach rechts parallel zum etwas zugewachsenen Kanal, der als Bodendenkmal geschützt ist. Welcher Trubel hier von 1724 bis 1840 geherrscht hat, kann man sich heute kaum mehr vorstellen.

An der nächsten Möglichkeit biegen Sie nach links ab auf einen guten Wirtschaftsweg, der durch die Feuchtwiesen des Naturschutzgebietes Wiesen am Max-Clemens-Kanal zurück zum Parkplatz führt.

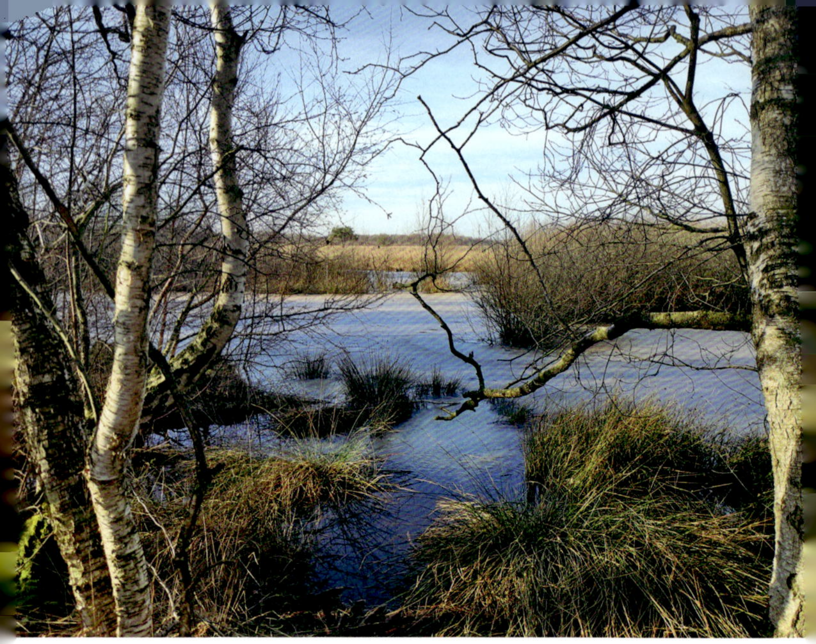

Ausblicke ins Hochmoor des Emsdettener Venns

Der Max-Clemens-Kanal

Mit dem Bau des Max-Clemens-Kanals wurde 1724 begonnen und damit lange, bevor im 19. Jahrhundert mit der Industrialisierung der Aufbau eines Kanalnetzes begann. Er sollte einen sicheren Transportweg von Münster in Richtung Niederlande ermöglichen. 1.500 Arbeiter waren anfangs damit beschäftigt, ein erstes 30 km langes Stück zu bauen, das westlich des Emsdettener Venns endete und später um 6 km erst bis Clemenshafen, dann bis Maxhafen verlängert wurde. Mit 12 m Breite und 0,9 m Tiefe wurde der Kanal von Treckschuten genutzt, die von Pferden auf Treidelpfaden gezogen wurden. Die Lastschiffe waren etwa 3 m breit und 16 m lang, wobei die ständige Versandung des Kanals manchmal zu Schwierigkeiten führte. In den Jahren nach 1732 fuhren jede Woche drei Treckschuten und zwei Postschiffe zwischen Münster und Clemenshafen hin und her. Obwohl der Kanal nie an die holländischen Wasserwege angebunden wurde und alle Waren bei Clemens- bzw. Maxhafen auf Pferdegespanne umgeladen werden mussten, war er für fast 120 Jahre ein wichtiger Transportweg durch die sumpfige Gegend und der Betrieb wurde erst 1840 offiziell eingestellt.

⑪ Emsaue Hembergen

Tour für Fluss- und Auenbegeisterte

Sie glauben die Ems zu kennen? Die, die begradigt durch Uferwiesen fließt? Dann unternehmen Sie diese Wanderung und entdecken Sie eine andere Ems! Eine wilde und natürliche Ems, die Steilklippen erschafft, Sandbänke anschwemmt und wegspült – Resultat einer aufwendigen Renaturierung. Hier bietet die Ems Lebensraum für viele Tiere und einen Eindruck davon, wie ihr Lauf früher ausgesehen hat.

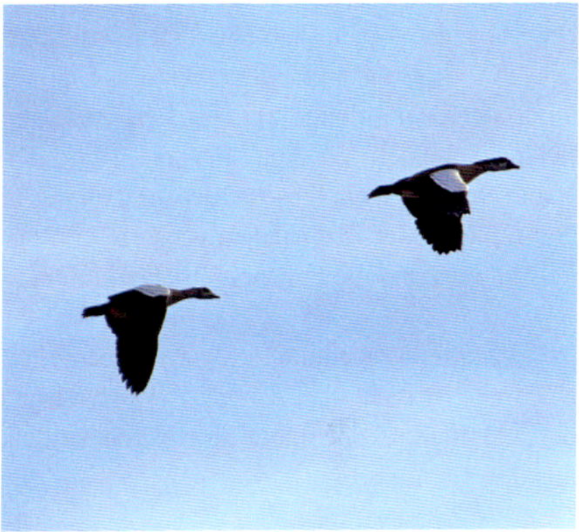

Nilgänse über den Emsauen

- Start/Ziel: Parkplatz an der Emsaue Hembergen, Up'm Mersk, 48285 Emsdetten, GPS N 52°9.633' E 007°36.950'
- 8,5 km
- 2 Std.
- 20 m/20 m
- 35-45 m
- keine einheitliche Markierung
- vor allem Pfade und Fahrwege, wenig Straße, wenig Schatten
- Altes Gasthaus Lanvers (km 4,8), Restaurant Zurmühlen (km 6,6)
- bei km 1,7 und 3,3, Tanzlinde (km 4,2)
- abwechslungsreich und nicht zu lang
- ungeeignet durch Pfade
- Sehr gut geeignet, pfotenfreundliche Wege, guter Zugang zu Trinkwasser nur am einsamen Emsstrand, im Naturschutzgebiet unbedingt anleinen!
- Parkplatz an Start/Ziel
- Emsdetten, Haltestellen „Up'm Mersk" an Start/Ziel und „Zurmühlen", am Restaurant Zurmühlen, beide Linie BB1 zwischen Emsdetten und Saerbeck, etwa zweistündlich

Emsauen Hembergen und Heinz-Rinsche-Turm

In den Emsauen Hembergen wurde eine in den 1930ern abgetrennte Emsschleife ab 2016 renaturiert und 2018 wieder angeschlossen. Dafür wurden über eine Millionen Tonnen Sand bewegt und der Flusslauf verlängerte sich um etwa 1 km. Das verlandete, ehemalige Flussbett musste überwiegend neu angelegt werden. Dabei wurde es nicht befestigt, sodass sich ein wildes Stück Ems entwickeln konnte zusammen mit den schon bestehenden Auebereichen und den letzten Silberweiden-Auwäldern der Ems. Benannt wurde der neue Aussichtsturm nach dem Naturschützer Heinz Rinsche, der 30 Jahre für die Renaturierung gekämpft hatte und während der Maßnahmen verstarb. Von ihm stammt der Satz: „Die Steine müssen raus und die Ems muss wieder krumm werden."

Sie starten in Richtung des gut sichtbaren Heinz-Rinsche-Turmes. Hier wartet eine weite Aussicht über den neuen Flussverlauf, die Auwälder und die umgebende Landschaft. Große Infotafeln erklären die Renaturierung und die hier vorkommenden Tierarten.

Steilufer der Ems

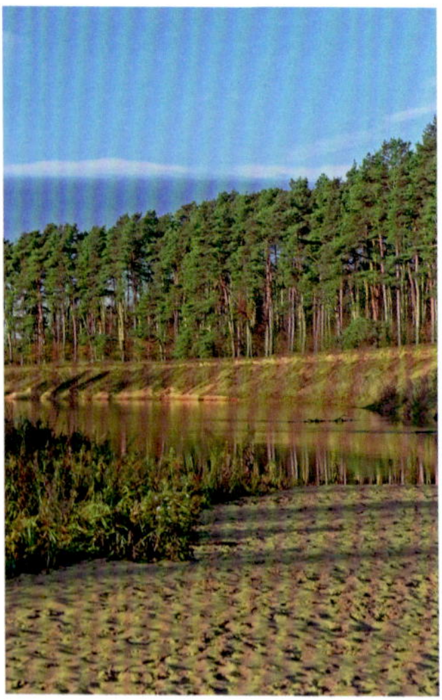

Vom Turm gehen Sie zurück Richtung Parkplatz und biegen in der leichten Rechtskehre nach links ab. Der offizielle Weg verläuft hier rechts neben dem breiten Graben, der meist gegangene aber trotz Wegegebot im Naturschutzgebiet zwischen Graben und Emsufer.

Falls Sie den Weg am Emsufer wählen, dann bewundern Sie bitte die wilde und natürliche Schönheit dieses Flussabschnittes vom Hochufer aus und bleiben Sie auf dem Trampelpfad! Klettern Sie auf keinen Fall an den Steilufern hinunter auf die Sandbänke, denn dies würde Höhlenbrüter wie Uferschwalbe und Eisvögel vertreiben und den Naturschutzgedanken ad absurdum führen. Es folgen zwei weniger störende Möglichkeiten, ans Sandufer der Ems zu kommen.

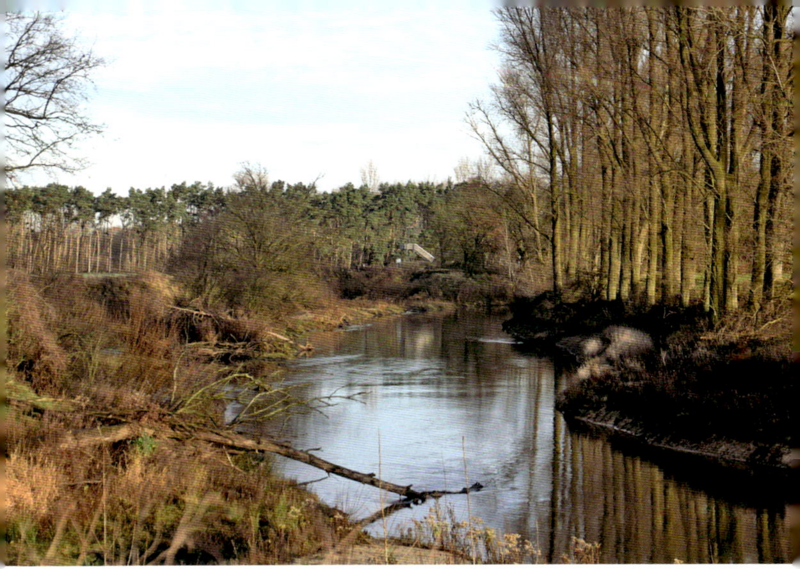

Die renaturierte Ems mit dem Heinz-Rinsche-Turm im Hintergrund

Die Ems erstaunt hier mit ihren Steilufern, Inseln, wildem Bewuchs und viel Totholz im Wasser.

Dass sie mit schwerem Gerät und viel Aufwand renaturiert wurde, verschwindet angesichts ihres ungezähmten, wilden Aussehens.

Wo der offizielle Weg und der beliebte Trampelpfad am Ende des Grabens zusammenstoßen, liegt links ein oft genutzter Pfad ans Sandufer der Ems in einem Bereich ohne Steilwände, allerdings auch im Naturschutzbereich.

Auch dies ist weder Bade- noch Hundestrand.

Vom Ende des Grabens führt ein Wiesenweg an der rechten Seite des Baumstreifens entlang und trifft auf einen Fahrweg, wo Sie sich links halten. Einige Schritte weiter bietet sich ein paar Schritte nach links hoch noch einmal eine schöne Aussicht auf die ungewöhnlich wilde Ems.

Der Fahrweg wird zum Wiesenweg und trifft auf eine schmale Straße ❶.

Der offizielle Rundweg verläuft jetzt an der Straße entlang nach rechts.

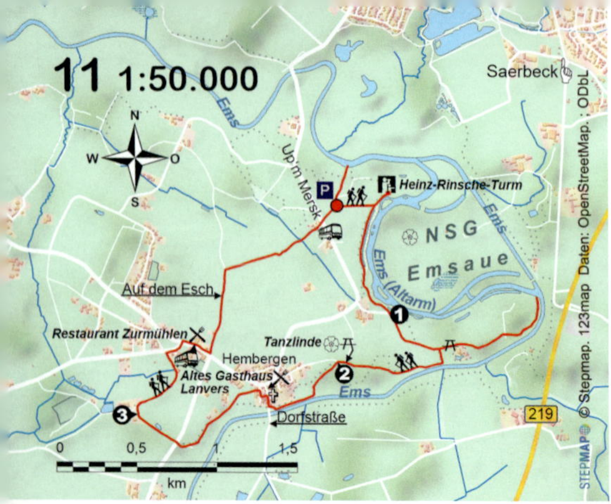

Sie biegen auf dem Sträßchen links ab und wandern immer geradeaus an Feldern und einem Überschwemmungsgebiet vorbei. Im Waldstreifen wartet eine Picknickbank und nach dem einsamen Haus zur Rechten wird aus dem Asphaltband ein Wirtschaftsweg, dem Sie weiter geradeaus folgen. An einer Kreuzung an der Ecke eines Feldes gehen Sie weiter geradeaus durch den Uferwald. Der Fahrweg führt ans Ufer der hier noch begradigten Ems und endet an der Stelle, wo vor einigen Jahren der Durchstich zum alten Emsarm angelegt wurde. Gegenüber vom breiten Strand ist der Damm zu erkennen, der den bisherigen Verlauf abtrennt, und links davon erhebt sich ein erstaunlich hohes, mit Kiefern bestandenes Steilufer mit deutlich sichtbaren Nisthöhlen der Uferschwalben.

Sie befinden sich wieder im Kernbereich des Naturschutzgebietes, bitte verhalten Sie sich auch hier in diesem selten besuchten Abschnitt wie ein Gast! Es herrscht Badeverbot auch für Hunde und Wegegebot.

Diesen friedlichen Ort verlassen Sie auf gleichem Weg, kommen wieder an dem einsamen Hof und dem Picknicktisch vorbei und biegen am Rand des ersten Feldes links ab auf einen Trampelpfad. Am Ende des Feldes führt er in einem Rechtsbogen auf das Hochufer der hier in ihrem begradigten Bett verlaufenden Ems. Wenn auch nicht so wild, haben die mit einzelnen Bäumen bestandenen Uferwiesen auch ihren Reiz.

Pfad und Uferwiese sind überwiegend durch einen Zaun getrennt. Wer mag, kann anfangs auf die Wiese hinunter und dort weitergehen, ein Rückweg ist möglich auf einem Fahrweg hinter einem kleinen, vorspringenden und eingezäunten Grundstück.

Der Pfad führt immer an Zaun und Büschen oberhalb der Uferwiese entlang. Nach dem kleinen, etwas verfallenen Anwesen taucht er in den Wald ein und wird breiter. Dann führt er am Feldrand entlang zur mächtigen, hohlen Tanzlinde Hembergen, mit etwa 260 Jahren der älteste Baum Emsdettens. Hier wartet eine Picknickbank.

Weiter geht es auf den Friedhof zu, an der nächsten Verzweigung ❷ links und schräg rechts am Waldrand entlang Richtung Ems. Der mit Kopfbäumen gesäumte Uferweg führt in den Ort Hembergen und hoch zur Brücke. Dort spazieren Sie nach rechts in den Ort und gegenüber der Kirche in die kleine Servatiusgasse.

✕ **Altes Gasthaus Lanvers**, Dorfstraße 11, 48282 Emsdetten, ☏ 025 72/150 90, Mo-Sa ab 16:00, So ab 11:00, mit Außenplätzen, Wildspeisen, klassische und vegetarische Gerichte, Außenplätze, geradeaus an der Kirche vorbei

Blick auf die Emswiesen

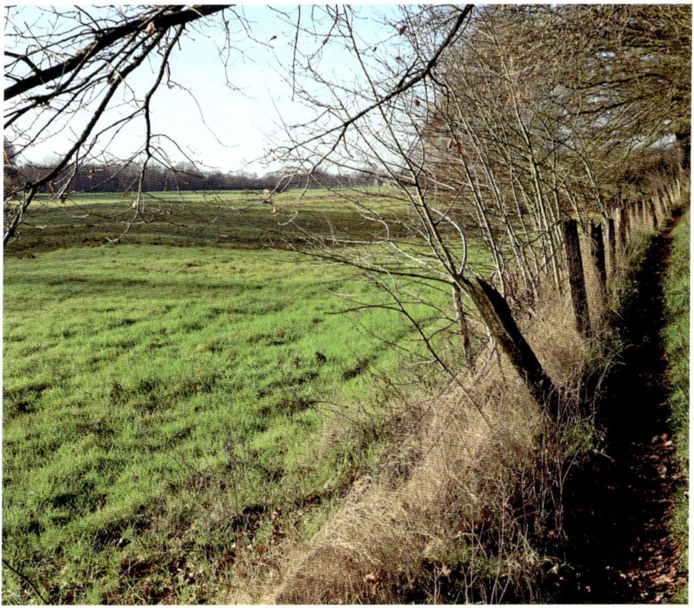

Am Ende der Gasse biegen Sie rechts ab und nach dem Feuerwehrhaus links auf den Fußweg Mühlenpättken. Vom gut gepflegten, eingezäunten Weg haben Sie einen weiten Blick über die Emswiesen. An einem Gehöft vorbei kommen Sie in einen Waldstreifen und der Weg wird zu einem Hohlweg mit alten Eichen. Ein Wirtschaftsweg führt Sie nach rechts zur Straße, die Sie geradeaus überqueren, und Sie wandern auf dem kleinen Sträßchen gegenüber weiter. Es endet an einem Betriebsgelände. Vor dessen niedriger Mauer ❸ gehen Sie die wenigen Meter nach rechts über die nicht eingezäunte Wiese zur anderen Zufahrt hinüber.

Dort wandern Sie auf einer alten Allee mit löchrigem, moosigem Asphalt nach rechts. Sie führt ins Dorf, wo Sie sich zweimal hintereinander rechts halten, beim zweiten Mal auf dem Bürgersteig gegenüber. Nach dem Restaurant Zurmühlen und dem anschließenden Hof biegen Sie nach links ab in die Straße Auf dem Esch.

✕ **Restaurant Zurmühlen**, Dettener Str. 9, 48282 Emsdetten, ☏ 025 72/71 26, Mo, Mi-Sa ab 15:00, So ab 10:00, Münsterländer Speisen und Getränke, Außensitzplätze

Rhododendren, Blütentupfer im Münsterland

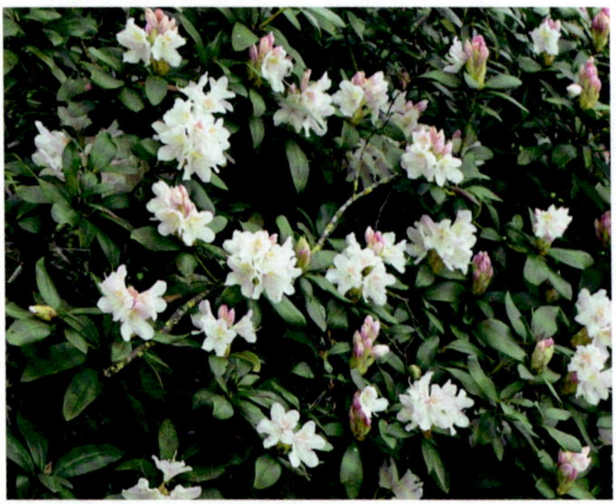

Schnell wird aus dem Asphaltband ein sandiger Wiesenweg. Diesem folgen Sie durch die Felder bis zum ersten Feldweg nach rechts. Dieser führt zwischen Feldern und am Ende zwischen Gehöft und Reitplatz hindurch zur Straße, wo sich der Parkplatz gegenüber befindet.

Um nochmal auf die Ems zu schauen, können Sie dem Fahrweg am Parkplatzende nach links entlang der linken Seite des Gebüschstreifens folgen. Er führt zu einem offenen Bereich am Emsufer am Rande des Naturschutzgebietes, wo Totholz eingebracht wurde und die Maßnahmen der Renaturierung langsam sichtbar werden.

⑫ Vorbergs Hügel

Zwischen Wald und alter Kulturlandschaft

Dieses hügelige Naturschutzgebiet mit alten Waldmeister-Buchen-Wäldern und kleinteiligen landwirtschaftlichen Nutzflächen und Wiesen erhebt sich direkt nördlich von Münster.

Seine Landschaft wirkt nicht nur beschaulich und friedlich, sie bietet gefährdeten Tieren und Pflanzen Lebensraum. Ungewöhnliche Bänke laden zur Rast ein und unerwartete Aussichten in Richtung Teutoburger Wald und Baumberge lassen Sie innehalten.

Start/Ziel: kleiner Parkplatz und Parkstreifen am Straßenrand der Hägerstraße zwischen Nienberge und Häger, GPS N 52°0.659‘ E 007°33.640‘

7,3 km

2 Std.

80 m/80 m

45-85 m

keine Markierung

Waldwege und kaum befahrene Sträßchen (4 km), Schatten hauptsächlich im Bereich der Waldwege

keine Einkehrmöglichkeit

mehrere außergewöhnliche Bänke ab Start bis Häger und ab Abzweig zum Fußweg am Mühlenberg ❷

Da der Weg auf Asphalt zwischen dem Abzweig Derßenbrockstiege ❶ und dem Fußweg entlang des Mühlenberges ❷ für Kinder wenig spannend ist, können Sie bei Erreichen der Derßenbrockstiege ❶ geradeaus in den Donnerbusch wandern (bei Umgehung der Kuhweide: erste Abzweigung links). In einer deutlichen Rechtskehre ❷ führt der beschriebene Weg nach links (4,5 km).

grundsätzlich geeignet, jedoch teilweise steil

grundsätzlich geeignet, aber viel Asphalt

Parkplatz an Start/Ziel

Münster, Haltestelle „Häger Bahnhof“, Linie 177, zwischen Hbf Münster und Borghorst, etwa zweistündlich, auf der Hägerstraße von der Bahn weg spazieren, vor dem letzten Hof rechts

Vorbergs Hügel, benannt nach der mit 97,4 m höchsten Erhebung, ist ein Naturschutzgebiet auf dem Altenberger Höhenrücken nördlich von Münster und gehört zum Stadtgebiet. Es zeichnet sich durch Laubwaldgebiete und kleinräumige Landwirtschaft, unterbrochen durch viele Blütenpflanzen, Hecken und Baumreihen, aus. Hier finden unter anderem gefährdete Vogelarten wie Neuntöter und Baumpieper ebenso wie fast 50 Pflanzenarten der Roten Liste Platz zum Leben.

An der Schranke vorbei starten Sie auf breitem Wanderweg abwärts in den Wald. Verschiedene witzig gestaltete Bänke begleiten Sie bis zur T-Kreuzung mit der Gasselstiege und der großen Schlumpfbank.

Die Gasselstiege gilt als eine der ältesten Straßen Münsters und ehemals wichtige Verkehrsverbindung in die Niederlande. Außerhalb des Stadtgebietes erscheint sie heute als Feld- oder Waldweg und ist für motorisierten Verkehr gesperrt.

Pause auf der Gasselstiege

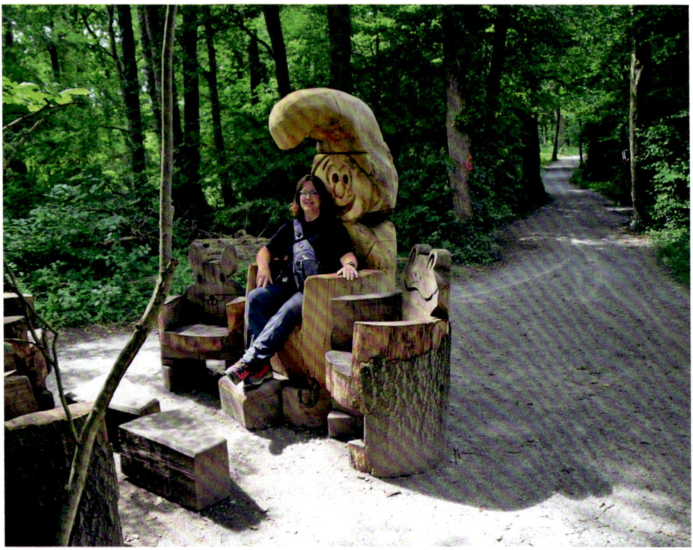

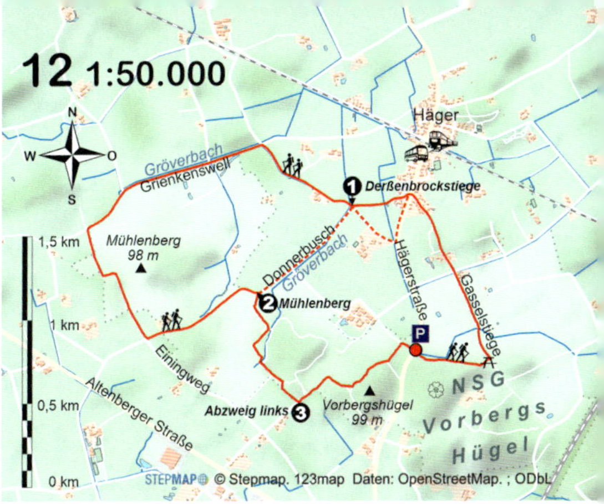

Hier wandern Sie nach links weiter. Immer gesäumt von Bäumen blicken Sie zu beiden Seiten auf Weiden und Felder. Auch weitere Bänke sind zu finden.

Eine Straße überqueren Sie geradeaus, bald gehen Sie wieder auf Schotter und erreichen dann den Ort Häger. Sie folgen der Straße durchs Wohngebiet und überqueren die Durchgangsstraße.

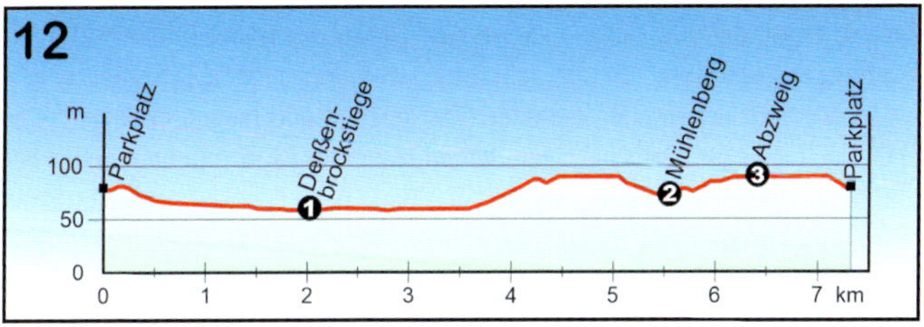

↳ Wenn auf dem folgenden Weg die Wiese für Kühe abgesperrt ist, können Sie auf der Durchgangsstraße nach links gehen und die Nächste rechts abbiegen in die Derßenbrockstiege.

Auf der anderen Seite geht es ein kurzes Stück auf Asphalt weiter, dann führt ein Wiesenweg rechts am Haus vorbei. Sie überqueren etwa 20 m Weide an den Tränken vorbei, die manchmal nur auf dieser Seite mit einer einfachen Litze abgesperrt ist. Direkt nach dem schmalen Baumstreifen bei der Tränke beginnt ein Feldweg, der ohne weitere Absperrung zur Derßenbrockstiege ❶ führt. Hier gehen Sie nach rechts, an der ersten Kreuzung mit den Zufahrten zu zwei Anwesen geradeaus und an der zweiten Kreuzung nach links in den Grienkenswell. Die Landschaft mit ihren Hügeln, Hecken, Waldstreifen und Wiesen erinnert an frühere

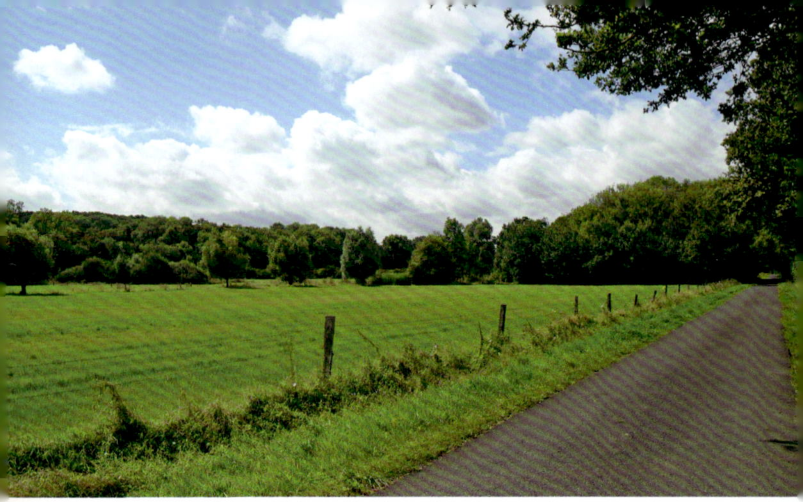

Extensiv genutzte Wiesen im Naturschutzgebiet

Zeiten, es ist still und ruhig. Einen ersten Linksabzweig mit Infotafel zum Naturschutzgebiet ignorieren Sie, er sieht zwar sehr verlockend aus, ist aber eine Sackgasse. Sie spazieren weiter, dann auch ansteigend und biegen in das erste Sträßchen nach links ab. Diesem folgen Sie am Hang des Mühlenberges weiter bergauf und können über die Wiese zwischen den Baumparzellen weit nach Nordosten bis zum Teutoburger Wald blicken. Es geht durch eine Links-rechts-Kehre begleitet von wild wucherndem Wald. Am Ende des Waldes sehen Sie rechts die Baumberge, die sich über das Umland erheben. An der nächsten Straßenkreuzung biegen Sie links ab, wandern an einem Gehöft vorbei und leicht abwärts in den Wald.

Das Sträßchen verlässt den Wald wieder mit Blick auf den Teuto. Sie folgen der Rechtskehre und biegen in der Linkskehre nach rechts ab auf einen guten, geschotterten Fußweg entlang des Mühlenberges ❷.

Der Weg führt Sie durch den Wald bergan mit zwei kurzen steileren Passagen. Dann verläuft er am Waldrand mit Blick auf hügelige Wiesen entlang, neben anderen ist diesmal eine Pferdebank zu entdecken.

Bei einigen Gehöften treffen Sie auf eine Straße ❸ und gehen nach links.

Sie wird zum Schotterweg, führt in den Wald und schlängelt sich erst durch einen buschigen Abschnitt, dann unter hohen Buchen mit niedrigem Unterwuchs entlang. Schließlich wird er zum Fahrweg und erlaubt einen letzten Blick zwischen den Bäumen hindurch in die Ferne. An einer Verzweigung biegen Sie rechts ab und gehen die letzten Schritte zum Parkplatz.

⑬ Bockholter Berge und Rieselfelder Münster

Tour für Fans von Dünen- und Röhricht-Landschaften

Drei völlig unterschiedliche landschaftliche Themen verbindet diese lange, abwechslungsreiche Tour: Auf den eiszeitlichen Dünen der Bockholter Berge wandern Sie durch ein Gebiet der früher weit verbreiteten Wacholderheide. In den Rieselfeldern Münster erleben Sie ein riesiges Vogelschutzgebiet mit weiten Röhrichtflächen und Feuchtwiesen. Eine alte Kanalbrücke schließlich ist das Highlight am Dortmund-Ems-Kanal. Nehmen Sie sich Zeit, alle diese Eindrücke auf sich wirken zu lassen!

Start/Ziel: Wanderparkplatz Bockholter Berge an der B481, Fuestruper Straße, 48268 Greven, GPS N 52°3.500‘ E 007°40.500‘

15,5 km

4 Std.

45 m/45 m

40-65 m

keine einheitliche Markierung

Pfade und viel Schatten in den Bockholter Bergen und dem Boltenmoor, Wirtschaftswege und asphaltiert im Bereich der Rieselfelder ohne Schatten, geschotterter Weg am Kanal ohne Schatten

Landhaus Oeding (km 2), aktuell geschlossen, Wiedereröffnung geplant

kein Picknick/Rastplatz

WC an der Biologischen Station während der Öffnungszeiten

Die Tour ist abwechslungsreich, aber lang. Um genug Zeit zum Erleben zu haben, kann sie für Kinder geteilt werden:

1. Bockholter Berge: entweder beschilderte Rundwanderung (siehe Tipp) oder am Feldweg nach dem Seezugang ❷ nach links vorbei an Sandgruben und zurück zum Parkplatz (3,8 km)

2. Rieselfelder: Parken an der Biologischen Station, von dort dem beschriebenen Weg folgen bis zur Kanalbrücke, diese nicht überqueren, sondern dem Straßenverlauf nach links folgen und vor der Wasserfläche auf dem breiten Rundweg zurück zur Biologischen Station gehen (5,4 km)

Das Gebiet der Bockholter Berge ist nicht für Buggys geeignet. Im Bereich der Rieselfelder und des Kanals sind die Wege gut genug ausgebaut, kurze Variante siehe Familienfreundlichkeit.

im Bereich der Rieselfelder viel Asphalt, zwischen Bockholter Berge und Rieselfelder und am Kanal können Hunde teilweise frei laufen, Zugang zum Wasser am Bockholter See und teilweise am Kanal

P Parkplatz an Start/Ziel, Parken an der Biologischen Station, GPS N 52°1.717' E 007°39.298', Parkplatz an der Kanalbrücke, GPS N 52°1.312' E 007°39.862'

Münster, Haltestelle „Rieselfelder" (östlich des Kanals), Linie 4 von Münster Hauptbahnhof nach Gelmer, halbstündlich, zur Wanderung: zum Kanal hinunter gehen und dort rechts und der Beschreibung Richtung Bockholter Berge folgen; zu den Rieselfeldern: Brücke überqueren, Straßenverlauf folgen, links auf breiten Rundweg um den großen See

☺ Zwei beschilderte Rundwanderwege führen durch die Bockholter Berge, die „Kleine Runde" (ca. 2,3 km) und die „Große Runde" (ca. 3,5 km).

☺ Der Rieselfeldhof mit Ausstellung, kurzen Stegen und der Gaststätte Heidekrug befindet sich 2 km südlich (GPS N 52°00.523' E 007°38.247', Ausstellung So 12:00-18:00, Okt-März So 12:00-17:00).

☺ Fernglas nicht vergessen

Beachten Sie bei An-/Abreise zur Biologischen Station: Die Straße Coermühle, die die Biologische Station mit dem südlich gelegenen Informationszentrum verbindet, wird versuchsweise im Bereich der Rieselfelder für den Verkehr gesperrt. Straßenverbindung über Sprakel und Gimbte

Die Bockholter Berge entstanden, als am Ende der letzten Eiszeit Sand durch Schmelzwasser transportiert und hier abgelagert wurde. Bereits 1939 unter Naturschutz gestellt gehören sie heute zu den europäischen Natura-2000-Gebieten. Tatsächlich handelt es sich um eine hügelige Dünenlandschaft, die mit Wacholderheide und Kiefernmischwald bestanden ist.

In Verlängerung der Parkplatzzufahrt führt ein breiter Weg in den Wald, von dem Sie noch am Waldrand auf einen Pfad nach rechts abbiegen. Er bringt Sie auf eine Kuppe, wo Sie schräg links und weiter aufwärts über Sand und Wurzeln gehen. Sie wandern jetzt in umgekehrter Richtung auf der der nächsten Langen Runde durch die Bockholter Berge, die sehr regelmäßig mit weißen Pfosten markiert ist. An der nächsten Kreuzung gehen Sie links und anschließend rechts. Jetzt verläuft der Pfad oberhalb des tief in den Sandboden geschnittenen Gellenbaches. Ein Holzzaun leitet ein paar Schritte hinunter, weiter geht's am Bachlauf und bei Verzweigungen bleiben Sie rechts am Bach. Schließlich erreichen Sie die eingezäunte Wacholderheide und betreten sie nach links durch ein Gatter.

Bei dem breiten Querweg ❶ verlassen Sie das Heidegebiet und betreten es auf der gegenüberliegenden Seite schräg rechts wieder durch ein Gatter. Dann endet der eingezäunte Bereich und der Weg führt nach rechts. An der folgenden T-Kreuzung gehen Sie nach links, überqueren den ersten breiten Hauptweg geradeaus und biegen beim zweiten beim Landhaus Oeding links ab.

(✕) **Landhaus Oeding**, Guntruper Berge 38, 48268 Greven, ☏ noch nicht bekannt, Wiedereröffnung geplant (Stand Oktober 2021)

An der T-Kreuzung beim Landhaus gehen Sie links und beim Zusammentreffen mit einem Hauptweg rechts. An der nächsten Schranke biegen Sie nach rechts Richtung See ab und wählen den Weg vor dem See links in den Wald. Als schmaler Pfad führt er zwischen Birken und Buchen und durch Marschland. Am Ende des Sees treffen Sie auf einen sandigen, breiten Seezugang ❷. Am dazugehörigen Wendehammer folgen Sie dem Forstweg und an der nächsten T-Kreuzung wandern Sie auf einem Feldweg nach rechts. An einer Schranke führt die Wanderung geradeaus auf der schmalen Straße weiter und überquert die Ems.

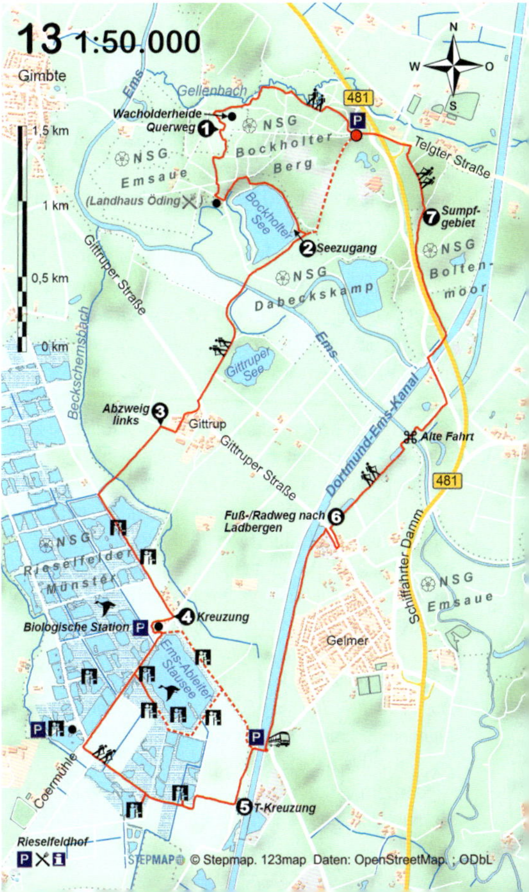

Vorbei am eingezäunten und mit Kiefern bestandenen Gittruper See erreichen Sie die Siedlung Gittrup.

An der Durchgangsstraße spazieren Sie auf dem Radweg nach links und biegen an der nächsten Straße rechts ab. Vor dem Hofeingang gehen Sie nach rechts und an der folgenden Verzweigung nach links. Direkt zu Beginn der nächsten Rechtskehre führt ein Wiesenweg geradeaus zwischen den Rückseiten von Scheunen und Stallungen hindurch. An dessen Ende wandern Sie auf einem Feldweg nach rechts und hinter einer langen Reihe Kopfweiden auf den Pfad nach links ❸. Diesem folgen Sie immer geradeaus in einen Waldstreifen und an einem Bewässerungsgraben entlang, bis Sie auf das asphaltierte Sträßchen treffen, das die Rieselfelder begrenzt. Hier biegen Sie links ab.

Die Rieselfelder Münster

1901 begann die Stadt Münster, die steigende Menge an Abwasser hier in den Heidegebieten mit sandigem Untergrund zu verrieseln, um sie zu reinigen. Weil gleichzeitig viele Feuchtgebiete trockengelegt wurden, fanden sich unterschiedlichste Vogelarten ein. Mit Fertigstellung der großen Kläranlage 1975 sollten die Rieselfelder trockengelegt werden und als Gewerbegebiet genutzt werden. Naturschützerinnen und Naturschützer erreichten, dass große Teile des Gebietes unter Schutz gestellt und teilweise wieder vernässt wurden. Heute sind die Rieselfelder Münster als Europäisches Vogelschutzgebiet Teil der Natura-2000-Schutzgebiete und ein beliebtes Ausflugsziel.

Vorbei an hohem Schilf zu beiden Seiten und zwei Vogelbeobachtungsständen führt das Sträßchen zu einer Kreuzung ❹. Hier befindet sich rechts hinter dem Fachwerkgehöft die Biologische Station Rieselfelder Münster.

Sie biegen scharf rechts ab auf das Sträßchen vor dem Fachwerkgehöft. Eine Einfahrt nach links führt zur Biologischen Station Rieselfelder Münster, dahinter beginnt nach links ein Lehrpfad, in den Sie einbiegen. Hier halten Sie sich links bis zum Parkplatz und gehen auf die ab hier für den Durchgangsverkehr gesperrte Straße Coermühle. Links sehen Sie zuerst das Stauwehr des Ems-Ableiter-Stausees, des größten Einzelgewässers der Rieselfelder. Dann biegen Sie in den Fußweg nach links ein, kommen zu einem Beobachtungsstand und etwas weiter zum Aussichtsturm über die Rieselfelder auf der rechten Seite. Erst von oben wird die Dimension dieses Schutzgebietes deutlich.

Um auch die Heckrinder und Feuchtwiesen zu sehen, gehen Sie vom Turm wieder zurück zur aktuell gesperrten Straße (Stand Herbst 2021) und folgen dieser nach links.

Wer Einblick in weitere Wasserbecken haben möchte, geht zurück zur Biologischen Station und dem dahinter verlaufenden schmalen Sträßchen. Dort nach links und an der T-Kreuzung nach links können Sie den aktuelle gesperrten Straßenabschnitt umgehen. Einblick in die Becken gibt es nur an wenigen Stellen, wo das Schilf weggeschnitten wurde, sowie an Beobachtungshütten.

Nach 850 m biegt ein gesperrtes Sträßchen nach links ab und Sie betreten das Gebiet der Gänseschwärme, Heckrinder und wilden, weiten Feuchtwiesen. Nachdem nach rechts Holzstege zu Beobachtungsständen führen, gehen Sie an der Verzweigung geradeaus weiter und folgen dem Weg durch eine Linkskehre. Bei der nächsten Möglichkeit gehen Sie auf Asphalt nach rechts und an der folgenden T-Kreuzung links ❺.

Sie bleiben auf dem Sträßchen, das hoch zur Kanalbrücke führt. Dort wandern Sie nach rechts über den Dortmund-Ems-Kanal, dahinter die Treppe hinunter an den Kanal und auf den Uferweg nach rechts.

Uferweg am Bockholter See

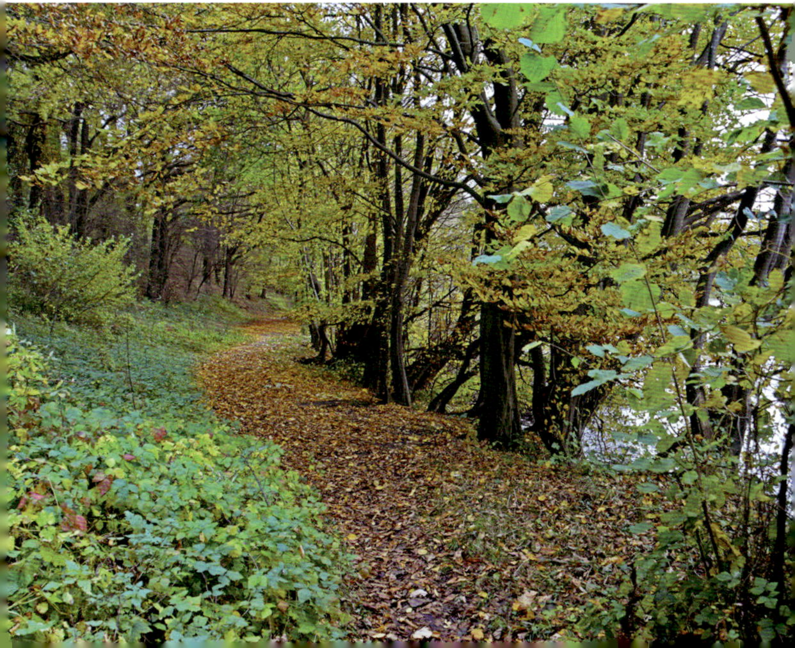

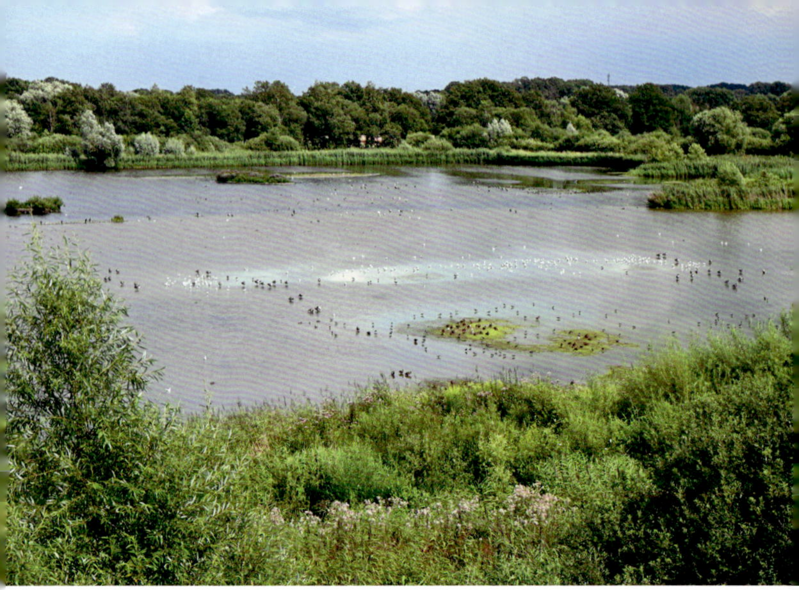

Aussicht auf das Vogelparadies des Ems-Ableiter-Stausees

Der sauber geschotterte Weg führt jetzt immer am Kanal entlang, vorbei am Ort Gelmer, und trifft vor der nächsten Brücke auf einen kleinen Kanalhafen. An dessen Zufahrt gehen Sie nach rechts hoch zur Straße und dort links. Auf der Brückenrampe wählen Sie den ersten Abzweig nach rechts, einen gepflegten Fuß-/Radweg nach Ladbergen ❻, der neben dem alten Kanal verläuft. Mit der alten Kanalbrücke über die Ems, der sogenannten „Alten Fahrt", erreicht der Weg ein historisches Bauwerk. Es wurde im Rahmen des Ausbaus des Kanalsystems von 1893-1897 gebaut, der Dortmund-Ems-Kanal wurde zwei Jahre später feierlich eröffnet. Über die Kanalbrücke führt der Weg auf der linken Kanalwannenseite. Anschließend verläuft er wieder auf der rechten Seite des jetzt trockenen ehemaligen Kanalbettes und an der alten Mechanik eines Sperrtores vorbei.

Der Weg führt am Ende des alten Kanalbettes entlang und trifft auf Asphalt. Dort geht es nach rechts, rechts hoch zur Straße und dort links erneut über den Kanal. Am Ende der Brücke führen Stufen rechts hinunter auf den Uferweg, dem Sie nach links folgen.

Nach der nächsten Straßenunterführung biegen Sie nach links ab auf einen Wirtschaftsweg. Ihm folgen Sie geradeaus parallel zur Straße und ignorieren die Unterführung nach links.

Der Weg wird zum Pfad und führt in den Birkenmischwald des Naturschutzgebietes Boltenmoor. Nach rechts öffnet sich ein teilweise offenes Sumpfgebiet, das mit Binsen und einigen Bruchwaldflecken bestanden ist. Am Ende des Sumpfgebietes ❼ orientieren Sie sich nach links und wechseln zu einem ehemaligen Forstweg, der parallel verläuft, nur durch eine offene Baumreihe getrennt ist und leicht links weiterführt. Er windet sich durch den Wald und führt hoch zur Straße. Hier wandern Sie nach links und dann immer geradeaus, zuerst auf einem Radweg, dann am Fahrbahnrand unter der B481 hindurch und an der nächsten Kreuzung geradeaus. Dann ist der Parkplatz erreicht.

Die Ems

Ursprünglich verlief die Ems mit sehr geringem Gefälle in einem sandigen, leicht erodierbaren Flussbett. Die Flussaue wies ein abwechslungsreiches Relief mit Flutrinnen und Sandkuppen, Sandbänken, Uferabbrüchen, Röhrich- und Feuchtgebieten auf. Bis Mitte des 19. Jahrhunderts gemeinschaftlich genutzt als Weidefläche, als „Allmende", wurde das Land dann privatisiert und als Ackerland bebaut. Um den häufigen Hochwassern entgegenzuwirken, wurde ab etwa 1930 die Begradigung der Ems durch ein trapezförmiges Flussbett mit befestigten Ufern vorangetrieben. Gleichzeitig lag der mittlere Wasserspiegel bis zu 1,5 m niedriger als zuvor, um der Wassermenge gerecht zu werden, wodurch die Auen austrockneten. Dadurch erhöhte sich die Strömungsgeschwindigkeit wesentlich, Schwellen und Querbauwerke sollten sie etwas verlangsamen.

1990 wurde das Ems-Auen-Schutz-Konzept zur Renaturierung der Ems und Auenlandschaft im Rahmen des europäischen Natura-2000-Programms erarbeitet. Die entsprechenden Arbeiten begannen 2009 bei Einen westlich von Warendorf. Die EU übernahm die Hälfte der Kosten von 3 Mio. Euro, den Rest trug das Land NRW. Es folgten weitere Renaturierungsprojekte an anderen Abschnitten der Ems.

Ursprünglicher Aspekt der Projekte war vor allem der Umweltschutzgedanke, denn mit der neuen Vielfalt an Habitaten finden viele teils bedrohte Tiere wieder einen geeigneten Lebensraum. Daneben dienen die renaturierten Bereiche der Erholung und entsprechende Wege, Aussichtstürme und Infotafeln wurden angelegt. Zuletzt haben sie eine wichtige Funktion beim Hochwasserschutz, denn sie verlangsamen die Strömungsgeschwindigkeit und bieten Raum für Hochwasser.

Die Wanderungen dies Buches führen durch Naturschutzgebiete mit renaturierten Abschnitten bei Emsdetten (Tour 11), Telgte (Tour 14) und östlich von Warendorf (Tour 15). Außerdem erleben Sie die Quellen der Ems in der Senne (Tour 27).

14 Emsauen bei Telgte

Tour für Liebhaber und Liebhaberinnen wilder Flussauen

Wer glaubt, im Münsterland gäbe es keine abenteuerlichen Wege, wird hier eines Besseren belehrt! Über lange Strecken führt diese Wanderung auf Pfaden durch eine wilde Flusslandschaft, die renaturierten Auen der Ems. Und da sie so gar nicht „typisch münsterländisch" ist, müssen Sie nicht einmal mit vielen anderen Wandersleuten rechnen. Ziemlich sicher dagegen werden Sie die wilden Bewohner sehen, viele Vögel, frei lebende Heckrinder und Koniks.

Start/Ziel: Parkplatz Waldfriedhof Lauheide, Friedhofsallee, 48291 Telgte, GPS N 52°0.000' E 007°45.066'

15,1 km

3 Std. 45 Min.

20 m/20 m

45-55 m

keine einheitliche Markierung

vor allem geschotterte Fahrwege und Pfade, kaum Straße, wenig Schatten

am Start/Ziel: Altes Gasthaus Lauheide

bei Haus Langen (km 9,6)

Tiere und schmale Pfade machen die Tour super für Kinder. Um sie abzukürzen, empfiehlt es sich, auf den ersten Abstecher an die Ems vor ❶ zu verzichten und ab ❹ weiter dem Pfad entlang der Ems zu folgen (10,5 km). Um weitere 1,3 km verkürzt sich die Strecke durch Parken auf dem breiten Fahrbahnrand beim Abzweig Benediktinerhof ❶.

ungeeignet wegen vieler Pfade

Pfotenfreundliche Wege, geeignete Wasserzugänge, aber Hunde müssen unbedingt angeleint werden!

Parkplatz an Start/Ziel, Parkstreifen beim Abzweig Benediktinerhof, GPS N 52°00.388' E 007°43.375'

Telgte, Haltestelle „Waldfriedhof Lauheide", Linie 19 von Münster, etwa halbstündlich, Sa/So Linie 44, stündlich, an Start/Ziel

Bei Hochwasser können beide Brücken sowie die Pfade am Emsufer unpassierbar sein.

Nach kräftigen Regenfällen können die Senken nach ❷ und vor ❼ unpassierbar werden, Umgehung siehe Text.

Das Betreten der Weideflächen ist verboten. Die Weidetiere dürfen nicht gefüttert werden.

Ein echtes Erfolgsprojekt ist das Naturschutzgebiet Emsaue bei Telgte. Auf weitläufigen „wilden Weiden" an der Ems leben Heckrinder und Koniks das ganze Jahr frei wie ihre wilden Vorfahren, die Auerochsen und Wildpferde. Auf diesen Flächen hat sich eine große Artenvielfalt entwickelt.

Von West nach Ost gibt es im Naturschutzgebiet drei Weidegebiete, auf denen Heckrinder und Koniks als Landschaftspfleger arbeiten und die vom NABU betreut werden: Vadrup mit dem Aussichtsturm, Lauheide am Nordrand des Friedhofs sowie Pöhlen östlich von Haus Langen.

Die Wanderung beginnt am großen Vorplatz des Friedhofes. Mit Blick Richtung Friedhof wählen Sie den breiten Schotterweg nach links in den Wald neben der Infotafel. Zuerst führt er am Rande des Friedhofs entlang durch Wald, dann zwischen den Weiden eines Gestüts hindurch. Am Ende der Koppeln passieren Sie ein verfallenes Haus, dann einen Graben rechts und daran anschließend können Sie auf dem breiten, sandigen Fahrweg nach rechts einen ersten Abstecher an die Ems machen und auf das Gebiet Vadrup auf der anderen Flussseite blicken.

Zurück vom Fluss folgen Sie weiter dem Wirtschaftsweg, der in einer langen Linkskehre zur Straße führt. Hier biegen Sie nach rechts ab auf Asphalt. Direkt an der nächsten Verzweigung wählen Sie den Weg nach rechts Richtung Benediktinerhof ❶ und folgen der Straße beim Hof durch eine Linkskehre. Die Straße wird zum Schotterweg, der in einen urwüchsigen Wald führt. Sie folgen ihm durch eine Rechtskehre und dann zu einer Fußgängerbrücke über die Ems, hinter der ein Aussichtsturm wartet. Von hier aus blicken Sie wieder über die Emswiesen mit ihren Flutrinnen im Bereich Vadrup.

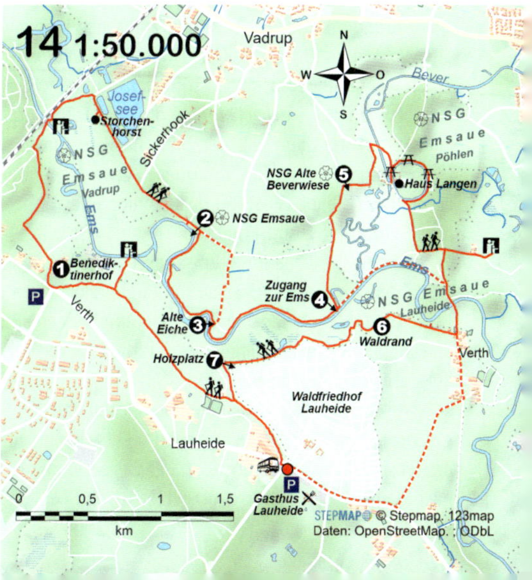

Vom Aussichtsturm aus folgen Sie dem Weg weiter bis zum Wald, wo ein breiter Weg nach rechts abzweigt. Er führt an der Nordostseite der Vadrupwiesen entlang, die meist durch Baum- und Buschreihen getrennt sind. Aber an einigen Stellen bietet sich eine gute Aussicht und die Chance, die wilden Bewohner zu sehen. Eine erste ist auf dem Vorplatz eines Stalles, neben anderen möglichen Entdeckungen steht hier in nur 50 m Entfernung ein Storchenhorst auf der Weide.

Der Weg mündet in einen breiteren Fahrweg, auf dem es geradeaus weiter geht. Rechts kommt die heute wieder angebundene enge Emsschleife mit Namen Ringemanns Hals nah an den Weg. Als Altarm war ihre schmalste Stelle für viele Jahre durchgestochen, während heute das Wasser wieder den weiten Weg nimmt.

Dahinter führt ein grasbewachsener Fahrweg nach rechts in das Naturschutzgebiet ❷.

↳ Nach viel Regen oder bei Hochwasser müssen Sie hier wegen der zwei Totarmausläufe geradeaus gehen und an der folgenden Kreuzung nach rechts durch die Felder und Wiesen zur Alten Eiche ❸.

Nachdem Sie an einer Schranke vorbeigegangen sind, folgt eine Senke, durch die der Ablauf eines Totarms verläuft. Noch vor der Linkskurve folgt ein zweiter Auslauf. Der Pfad führt jetzt immer an oder nahe der Ems durch Bruchwald und an Feldrändern entlang. Die Ems zeigt sich hier mit Uferabbrüchen und Inseln, die Wald- und Buschstreifen wirken wild und urwüchsig. Nach einer Passage durch wucherndes Buschland trifft der Pfad bei einer alten Eiche auf eine T-Kreuzung ❸, an der Sie nach rechts auf den Fahrspuren weitergehen. Es folgt eine Linkskehre und dann fällt der Blick nach rechts über den Fluss auf den Bereich Lauheide, ein Gebiet mit Totarmen, Altwasser, abwechslungsreichem Geländerelief und vielfältiger Vegetation. Auch hier leben neben vielen anderen Tieren ganzjährig Heckrinder und Koniks.

Immer mit Blick auf die Emsauen Lauheide erreichen Sie einen breiten, sandigen Zugang zur Ems ❹. Eine Infotafel erklärt Flora und Fauna des Naturschutzgebietes. Um die ungezähmte Umgebung zu genießen, lohnt ein Stopp am Fluss, eine Bank gibt es allerdings nicht. Baden ist verboten. Von hier biegen Sie nach links ab vom Fluss weg.

Zwischen Feldern und altem Baumbestand gehen Sie an der ersten Verzweigung geradeaus und an der zweiten nach rechts. Rechts unterhalb des guten Fahrweges erstrecken sich die Feuchtwiesen der Bevermündung. Wo sie enden, biegt ein Pfad nach rechts ab ins Naturschutzgebiet ❺ und verläuft oberhalb der Feuchtwiesen.

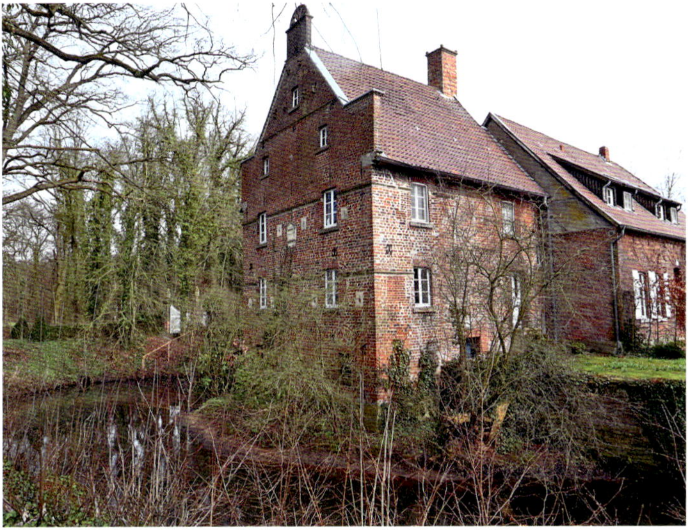

Haus Langen

An einer Grundstücksgrenze führt er nach links. An der Zufahrt gehen Sie weiter geradeaus und treffen auf eine schmale, für Autos gesperrte Straße. Diese führt nach rechts über die hier noch begradigte Bever und zu Haus Langen mit Mühle und Picknickbänken.

Haus Langen bei Westbevern

Als Rittergut wurde Haus Langen schon 1150 erwähnt. Die eigentliche Burg ist zerstört, heute erhalten ist noch die wehrhafte Vorburg aus der Renaissance (15./16. Jahrhundert) mit Schießscharten und dem Wappen derer von Lethmathe, die vom 14.-17. Jahrhundert hier residierten. Die Doppelmühle stammt aus den Jahren 1813/14, lange diente sie als Ölmühle und die Getreidemühle wurde bis in die 1950er genutzt. Umgeben ist das Burggelände von den Gräften. Auf deren Außenseite ist noch die Ringwallanlage mit doppeltem und dreifachem Graben zu erkennen, die wahrscheinlich schon vor 1000 als Fliehburg diente. Die romantische Anlage mit schattigen Picknickbänken lockt viele Radfahrerinnen und Radfahrer an.

Um die Gräften zu umrunden, wandern Sie zurück und biegen zweimal rechts ab. Der gute Spazierweg führt direkt an der Gräfte entlang und hier warten mehrere Bänke in der Sonne und mit weniger Trubel als vor Haus Langen. Im südlichen Abschnitt lassen sich die Wälle und Gräben der frühmittelalterlichen Ringwallanlage deutlich erkennen.

Koniks in der Vadruper Emsaue

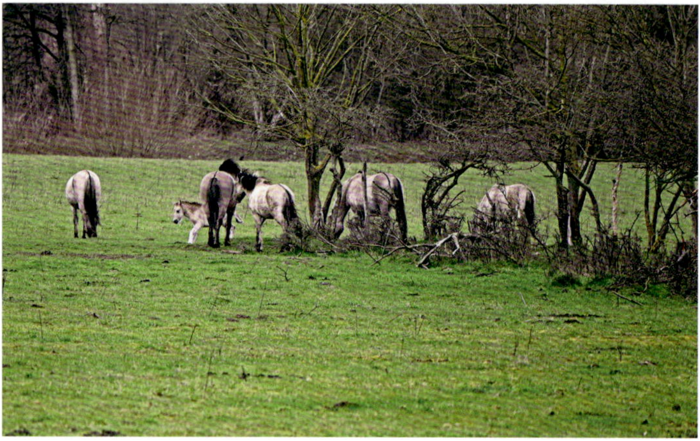

Der Weg trifft wieder auf das schmale Asphaltband, auf das Sie nach links abbiegen. Das Sträßchen führt durch eine Linkskurve und an der folgenden Kreuzung gehen Sie zuerst geradeaus weiter. Hinter dem Anwesen und dem folgenden kurzen Wiesenstreifen führt ein kurzer Wiesenweg nach links zum Aussichtsturm, der einen Blick auf das dritte Wiesengebiet der Heckrinder und Koniks gewährt, die Emsauen Pöhlen. Sie gehen zurück zur letzten Kreuzung. Dort geht es nach links und über die Emsbrücke. Nach dem ersten Hof der Siedlung Verth biegen Sie nach rechts ab in die Sackgasse.

➪ Wenn die Senken schon zuvor zu nass waren, sollten Sie auf den Abschnitt hinter dem Friedhof wegen einer weiteren Senke verzichten. Stattdessen gehen Sie hier geradeaus weiter, folgen der Straße am Ende der Siedlung durch eine Rechtskehre und bis zur Durchgangsstraße, wo Sie auf dem Radweg nach rechts abbiegen und zum Parkplatz kommen.

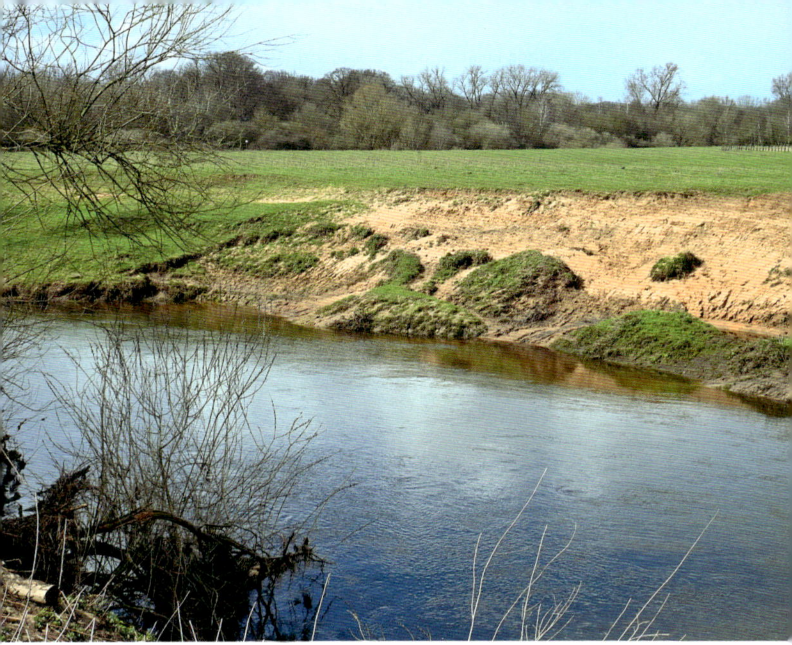

Im Naturschutzgebiet darf die Ems ihren Lauf gestalten

Vorbei an Häusern und Ferienhäuschen führt der Fahrweg zum Waldrand ❻ und halb um eine Wiese. Dann erblicken Sie das geschlossene hintere Tor des Waldfriedhofs Lauheide und rechts die Gatter für die Heckrinder. Hier führt ein Pfad nach rechts hinunter und dann nach links auf den kleinen Damm. Er führt zur Außenseite des Friedhofszaunes und ab jetzt immer an diesem entlang. Von hier oben und im Schatten der Bäume haben Sie einen guten Blick auf das Reich der Rinder und Pferde in der Emsaue Lauheide, das sich abgezäunt rechts unter Ihnen erstreckt.

Kurz führt der Pfad in eine Senke, dann erreicht er den Holzplatz und damit das Ende des Friedhofs ❼. Der Pfad führt nach links und auf einen Querweg biegen Sie ebenfalls links ab. Auf dem folgenden Fahrweg nach links erreichen Sie den Parkplatz.

Gasthaus Lauheide, Lauheide 3, 48291 Telgte, ☏ 025 04/933 42 11, Mo-Do und So 11:00-19:00, Fr/Sa 11:00-21:00, westfälische und mediterrane Küche, Terrasse und Kinderspielplatz

⑮ Emsauen bei Warendorf

Tour für Flussumbauinteressierte

Erleben Sie die zwei Gesichter der Ems! Anfangs verläuft sie beschaulich und ruhig in einem menschengemachten Kanal mit Alleen am Ufer, ein beliebter Platz nicht nur für Anglerinnen und Angler. Dann aber erschafft sie eine überraschend weite Sandlandschaft mit Steilufern, Schwemmholz, Gräsern und Stauden – ein wilder Lebensraum für Insekten und Vögel! Die Schottischen Hochlandrinder auf den großen Koppeln von Gut Emstal und die weite, einsame Wiesenlandschaft am Axtbach vervollständigen das Bild von der Ems und ihrem Umland.

- Start/Ziel: an der Emsbrücke der K18 nach Sassenberg, GPS N 51°57.783' E 008°4.166'
- 8,8 km
- 2 Std. 30 Min.
- 10 m/10 m
- 50-60 m
- keine Markierung
- Wiesen-, Feld- und Forstwege, 0,9 km auf kaum befahrener Straße
- keine Einkehrmöglichkeit
- bei km 5,5
- perfekt für Kinder, nicht zu lang und viel zu entdecken
- für Buggys etwas holperig
- geeignete Wege, Zugang zu Wasser nur begrenzt, unbedingt anleinen im Bereich des Gutes, der Emsrenaturierung und der Wiesen am Axtbach, Freilauf möglich im Bereich von Wasserwerk und Lackhove
- Parkplatz an Start/Ziel
- Warendorf, Haltestelle „Affhüppen", Linie 311 zwischen Warendorf und Rheda-Wiedenbrück, etwa halbstündlich; von der Haltestelle auf der kleinen Allee nach Norden, nächste rechts, nächste links, führt über das Privatgelände des ehemaligen Restaurants "Alte Herrlichkeit", bei Events führen Fahrspuren hinter dem Gebäude entlang, 730 m eine Richtung

Vom kleinen Parkplatz aus überqueren Sie zuerst die Ems auf der Radwegbrücke, queren anschließend die Straße nach links und gehen auf dem Wiesenpfad zwischen Feldern und Emsböschung entlang.

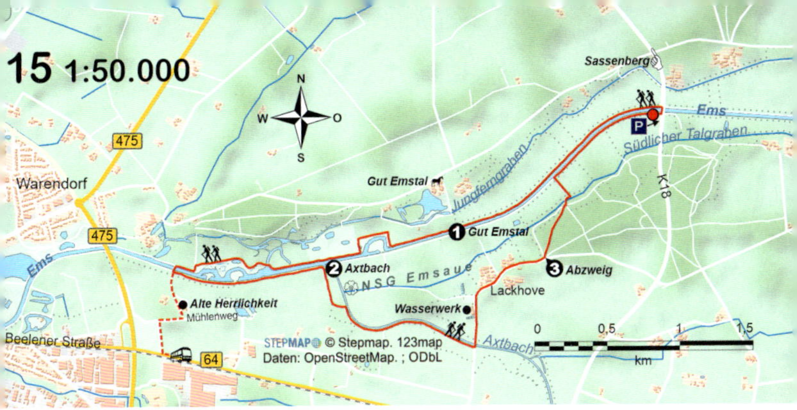

Hier steht seit Neuestem ein „Betreten verboten"-Schild. Da der Pfad aber eindeutig instandgehalten und gemäht wird, am Rand von landwirtschaftlich genutzten Feldern verläuft und der gut ausgebaute Wanderweg durch die Ländereien des Gutes Emstal ohne diesen Pfad als Sackgasse enden würde, kann man daraus schließen, dass sich das Verbotsschild auf die Uferböschung bezieht.

Gut 1,5 km wandern Sie am ruhig dahinströmenden Fluss entlang, der auf der anderen Seite mit Bäumen bestanden ist. An einem Waldstück sind die Ländereien des Gutes Emstal erreicht ❶.

Ab jetzt verläuft der Weg auf Privatgrund, ist breit ausgebaut, ebenfalls gemäht und von Zäunen flankiert. Eine Weile werden Sie von Schatten spendenden Bäumen begleitet. Dann schlägt der Weg einen Haken um einen wieder angebundenen ehemaligen Emsarm, dessen Feuchtgebiet sich mit etwas Abstand links erstreckt, während rechts die zum Gut gehörenden Wiesen liegen. Wieder geht es ein Stückchen an der geraden Ems entlang, bis der Weg zur Brücke über eine Anbindung zum Jungferngraben schwenkt, ebenfalls ein alter Emsarm. Was anschließend folgt, ist eine weite Sand-Fluss-Landschaft mit Steilufern, Sandbänken, verschiedenen Vegetationszonen und vielen tierischen Bewohnern, allen voran vielen Vögeln.

In Bögen führt der Weg um die von Menschen gestaltete, aber jetzt wilde Landschaft herum.

An einer T-Kreuzung am Ende des renaturierten Bereiches gehen Sie nach links und nach der folgenden Rechtskehre überqueren Sie die Ems über eine Brücke. Das hier noch ausgeschilderte Restaurant Alte Herrlichkeit ist aktuell nur eine Eventlocation.

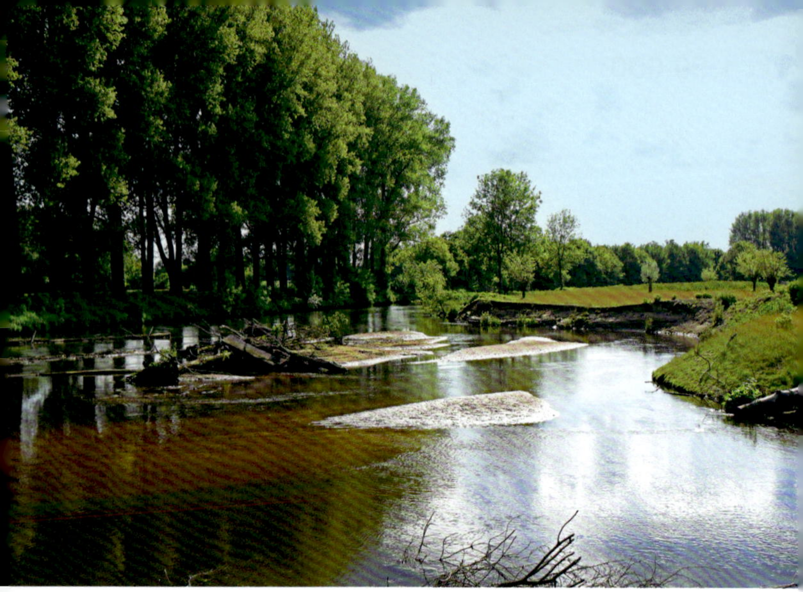

Wilde Emsauen mit Totholz, Sandbänken und Steilufern

Die Wanderung führt direkt nach der Brücke nach links auf den Uferweg unter alten, hohen Pappeln. Durch die Ufervegetation wird immer wieder der Blick frei auf den renaturierten Bereich, vor allem die Steilufer mit Bruthöhlen sind von hier aus gut zu erkennen. Nach einem Wegabschnitt unter Buchen lassen Sie den renaturierten Flussbereich wieder hinter sich und treffen auf den Axtbach ❷. Hier folgen Sie dem Hauptweg nach rechts und überqueren den Axtbach nicht. Sie wandern zwischen Feldern und Wiesen entlang und halten sich an einem Jägerstuhl links. Der Wiesenweg führt direkt ans Ufer des Baches und folgt ihm, zwei Bänke laden zu einer Rast ein. Schließlich kommt das Wasserwerk in den Blick. An der Straße überqueren Sie den Axtbach nach links und wandern auf Asphalt vorbei am Wasserwerk. Am Marienbild rechts geht es durch den kleinen Ort Lackhove. Er wirkt mit seinen alten Gehöften unter Bäumen, als wäre die Zeit stehen geblieben, gäbe es nicht Autos und Solaranlagen auf den Dächern.

Sie folgen der Straße weiter, bis nach links drei breite Forstwege abzweigen ❸, und wählen den mittleren, mit „X" gekennzeichneten. Immer geradeaus, ohne abzubiegen, erreichen Sie eine Kreuzung am Waldrand und wandern schräg links über die kleine Brücke über den Talgraben. Der Weg führt Sie zurück zu einem Fahrweg am Ufer der Ems, dem Sie nach rechts zum Startpunkt folgen.

16 Versmolder Bruch

Tour für alle, die weite Feuchtwiesen schätzen

Es ist die schiere Weite unter hoffentlich blauem Himmel, die diese Wanderung auszeichnet! Über lange Strecken wandern Sie entlang wilder Feuchtwiesen, gerahmt von Bruchwäldern. Diese Umgebung lässt völlig vergessen, dass Sie oft auf kleinen Sträßchen unterwegs sind. Einen Kontrast dazu bildet der lange, naturbelassene Weg entlang der Alten Hessel im schattigen Waldstreifen mit Rastmöglichkeit am Wasser.

- Start/Ziel: kleiner Parkstreifen im Versmolder Bruch nach der Brücke über die neue Hessel auf der rechten Seite, GPS N 52°1.292' E 008°10.917'
- 10,5 km
- 2 Std. 30 Min.
- 15 m/15 m
- 60-70 m
- keine einheitliche Markierung
- vor allem Asphalt auf kleinen, nicht oder kaum befahrenen Sträßchen, Feld- und Wiesenwege, kurz Pfade
- keine Einkehrmöglichkeit
- an der Hessel (km 5,5)
- Wegen langer Asphaltstrecken eher für wandererprobte Kinder geeignet. Mit Kleinen bietet sich der Naturlehrpfad Versmolder Bruch mit 7 Stationen an: am ersten großen Wegedreieck rechts, über die Hessel und auf für Verkehr gesperrtem Sträßchen weiter, nächstes Sträßchen links, nächstes wieder links, an einer Verzweigung ❷ geradeaus weiter auf den Feldweg, Ziegenbach und Hessel überqueren und weiter geradeaus auf Wiesenweg, diesem folgen bis zur Schranke an den Bahngleisen ❶, hier links zurück zum Parkplatz, 2,9 km
- schwierig im Abschnitt an der Alten Hessel ab ❹, dort teilweise Pfad und auf etwa 150 m Länge sehr zugewachsen
- Wasserzugang am Pfad der Hessel, Freilaufmöglichkeit nach der Brücke über den Aabach ❸, aber viel Asphalt, deshalb nur bedingt geeignet
- Parkplatz an Start/Ziel, Park- und Wendemöglichkeiten bei der Wegeverzweigung 150 m weiter
- Versmold, Haltestelle „Engel“, Linie 71.7 von Versmold, Mo-Fr etwa zweistündlich, Richtung Osten und sofort links abbiegen auf den Radweg
- Fernglas mitnehmen!

Der Versmolder Bruch

Im Versmolder Bruch breiteten sich im Mittelalter lichte Auwälder zwischen den Bächen Aabach, Alte und Neue Hessel aus, die während des Winterhalbjahres weitgehend unter Wasser standen. Durch Abholzung, Trockenlegung sowie Begradigung und Vertiefung der Bäche wurde das Land als Weidefläche nutzbar gemacht. 1990 wurde der Versmolder Bruch als Naturschutzgebiet ausgewiesen, um die weiten Feuchtwiesen und die Reste der heute seltenen Schwarzerlen-Auenwälder zu schützen. Um die Biotopvielfalt zu erweitern, wurden mehrere Gewässer angelegt. Dies alles bietet Lebensraum für eine vielfältige Vogelwelt, darunter auch gefährdete Arten wie Großer Brachvogel, Rebhuhn, Kiebitz, Rohrweihe, Baumfalke und Schwarzstorch, sowie für viele unzählige Insekten. Eine Herde Galloways wird als Landschaftspfleger eingesetzt, sie verbeißen wachsende Gehölze und halten damit die Wiesenlandschaft offen. Nach kräftigen Niederschlägen stehen v. a. im Herbst die Weiden oft unter Wasser.

An der Alten Hessel

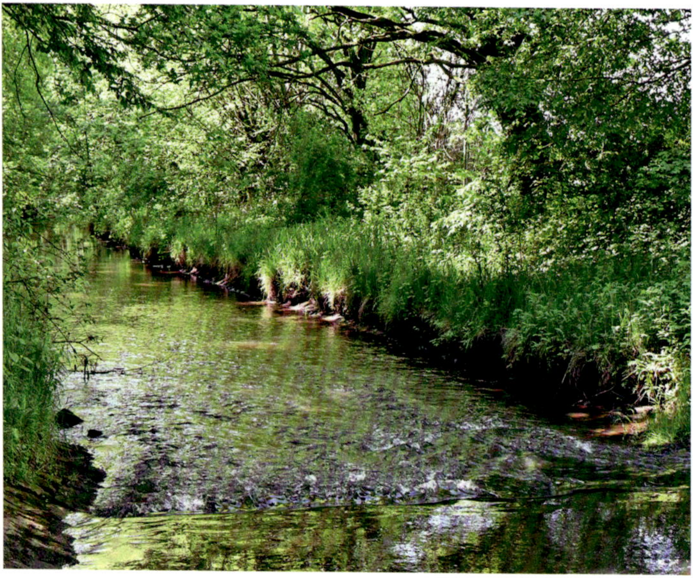

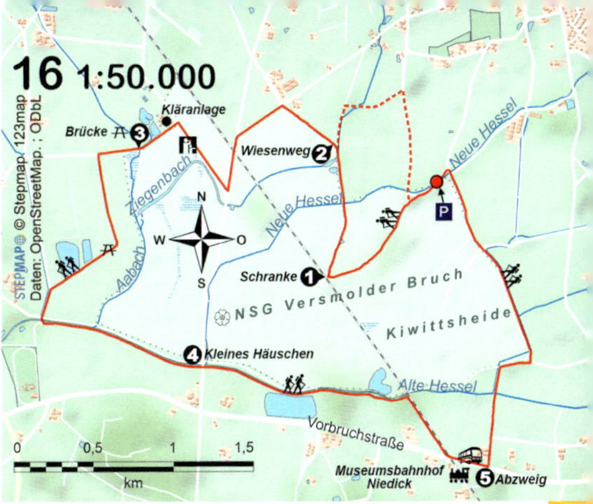

Vom Parkstreifen aus wandern Sie in Anfahrtsrichtung weiter und vorbei an dem großen Wegedreieck und der weiß-grünen Schranke. Vom schmalem Asphaltband unter ausladenden Buchen fällt der Blick auf die weite Wiesenlandschaft zu beiden Seiten. Hier sind oft die Galloways zu entdecken. Sie erreichen die Schranke an den alten Bahngleisen ❶. Hier ist der Zugang zu den Wiesen zum Schutz der Vögel gesperrt und es geht rechts auf einem Wiesenweg weiter.

Nach einer Brücke über die Neue Hessel wechselt der Belag zu Asphalt. Eine zweite Brücke führt über Dirksgraben und Ziegenbach, danach biegen Sie schräg links auf einen Wiesenweg ab ❷, vorbei an der Infotafel des Lehrweges. In den Feldern sind regelmäßig Störche und Fasane zu entdecken.

Am nächsten Sträßchen biegen Sie links und bei der nächsten Asphaltverzweigung wieder links ab. Jetzt werden Ihnen viele Radfahrinnen und Radfahrer begegnen und Sie überqueren die Trasse der Bahngleise. In das nächste Sträßchen geht es nach rechts geradewegs auf die große Aussichtsplattform des Versmolder Bruches zu. In nur 50 m Entfernung kann der Horst eines Weißstorchpaares beobachtet werden. Die Plattform bietet eine großartige Aussicht über die weite Wiesenlandschaft, in der der Ziegenbach einen Bogen beschreibt.

Das Sträßchen führt weiter Richtung Kläranlage, vor der Sie links abbiegen. Den Aabach überqueren Sie über die Brücke ❸ mit Bank. An der nächsten Kreuzung wandern Sie nach links, jetzt zwischen Feldern, die von langen Waldstreifen umgeben sind.

Nach der Rechtskurve kommen Sie an einer Bank unter einer einsamen Birke und zwei eingezäunten, unzugänglichen Anglerseen vorbei. An der folgenden Verzweigung gehen Sie links und überqueren die Hessel auf einer Brücke.

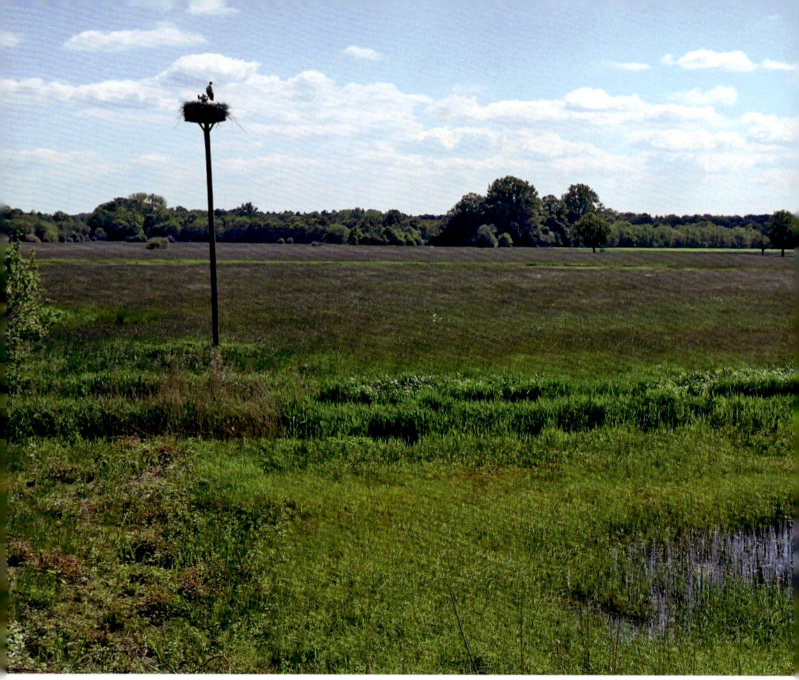

Direkt danach biegen Sie nach links ab auf den naturbelassenen Weg entlang der Hessel. Meist hinter dichtem Gebüsch verborgen rauscht links das Wasser. Nach einer alten Bank um eine Buche folgt ein guter Zugang zum Wasser, das hier ein paar große Steine umfließt, mit Sitzgelegenheit. Ein weiterer Zugang mit einigen Stufen hinunter besteht an einem kleinen Häuschen ❹. Die Straße überqueren Sie geradeaus und wandern auf dem Pfad zwischen der Baumreihe am Ufer und dem Feld weiter. Er führt in den Wald und wird breiter, hinter dem eingezäunten Gebiet rechts verbirgt sich ein weiterer See. Der Wald wird erst wild und urwüchsig, dann folgt eine hohe Allee alter Buchen und Eichen. Hier schlängelt sich die Alte Hessel durch einen grünen Wiesen- und Nesselstreifen. An einem Feld entlang ist der Weg kurz etwas zugewachsen. Dann führt er wieder in den Wald und trifft auf eine Eisenbahnlinie.

Hier biegen Sie nach rechts ab auf den Fahrweg. Sie treffen auf eine Straße, gehen auf dem Radweg nach links und vorbei an der Bushaltestelle. Beim nächsten, als Radweg gekennzeichneten Abzweig ❺ biegen Sie links ab.

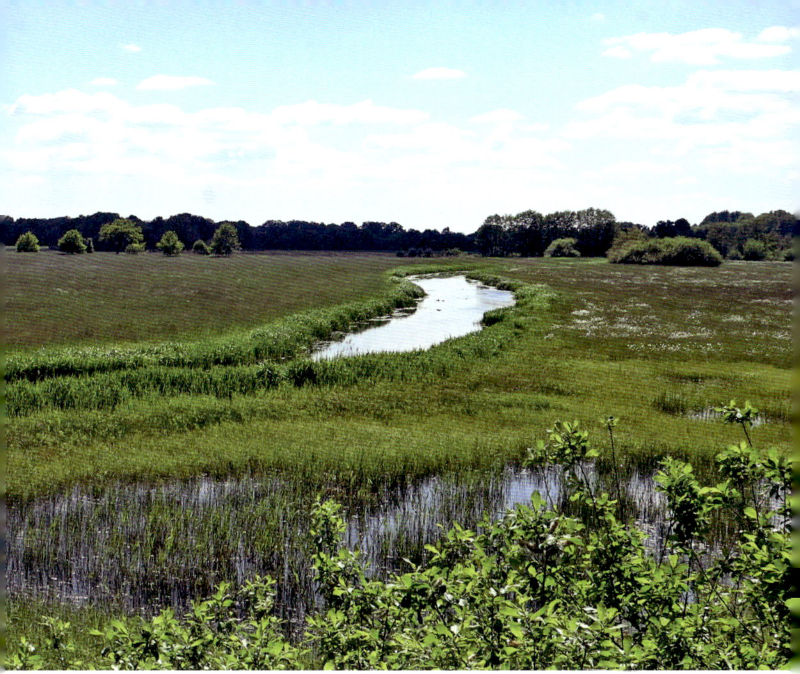

Weite Feuchtwiesen an der Aussichtsplattform

Hinter den Feldern rechts erhebt sich der Teutoburger Wald mit dem Barenberg, der nur gut 12 km Luftlinie entfernt ist.

Das Sträßchen quert die Alte Hessel und beschreibt eine Rechtskurve, dann biegen Sie bei der nächsten Möglichkeit links ab. Jetzt erstreckt sich links wieder die weite Wiesenlandschaft des Versmolder Bruches, hier auch wegen des so klingenden Rufes des Kiebitzes Kiwittsheide genannt. An einer Kreuzung geht es geradeaus weiter und an der nächsten Verzweigung geradeaus über die Neue Hessel, dann sind es nach links nur noch wenige Schritte zum Parkplatz.

Teutoburger Wald

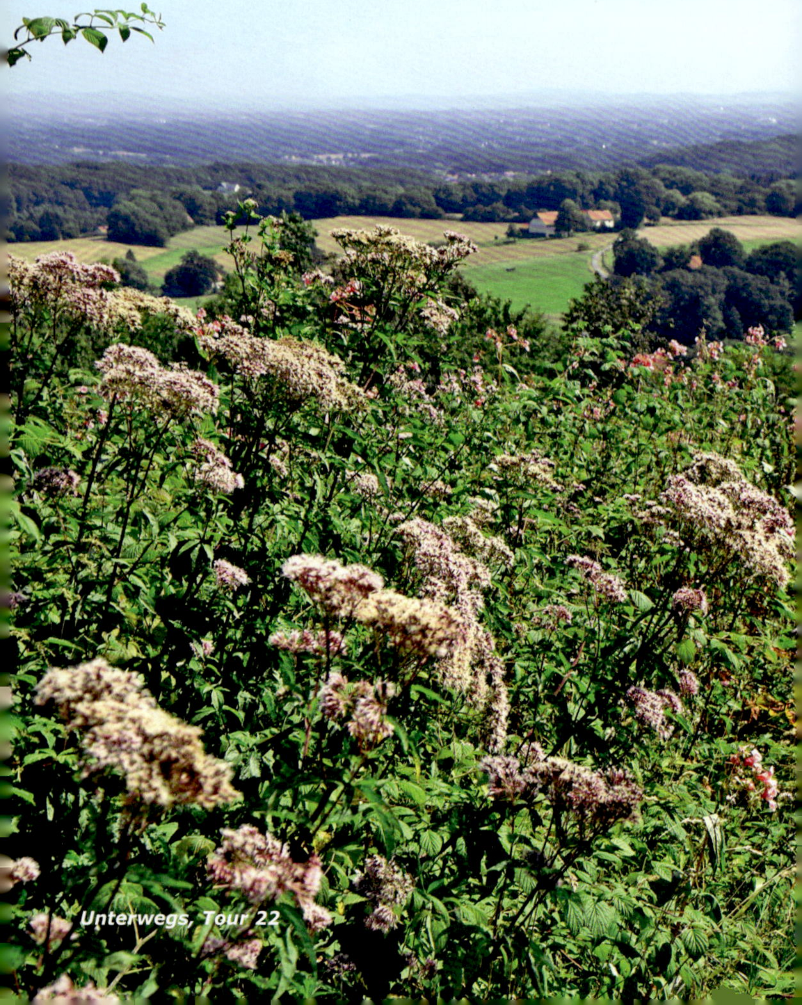

Unterwegs, Tour 22

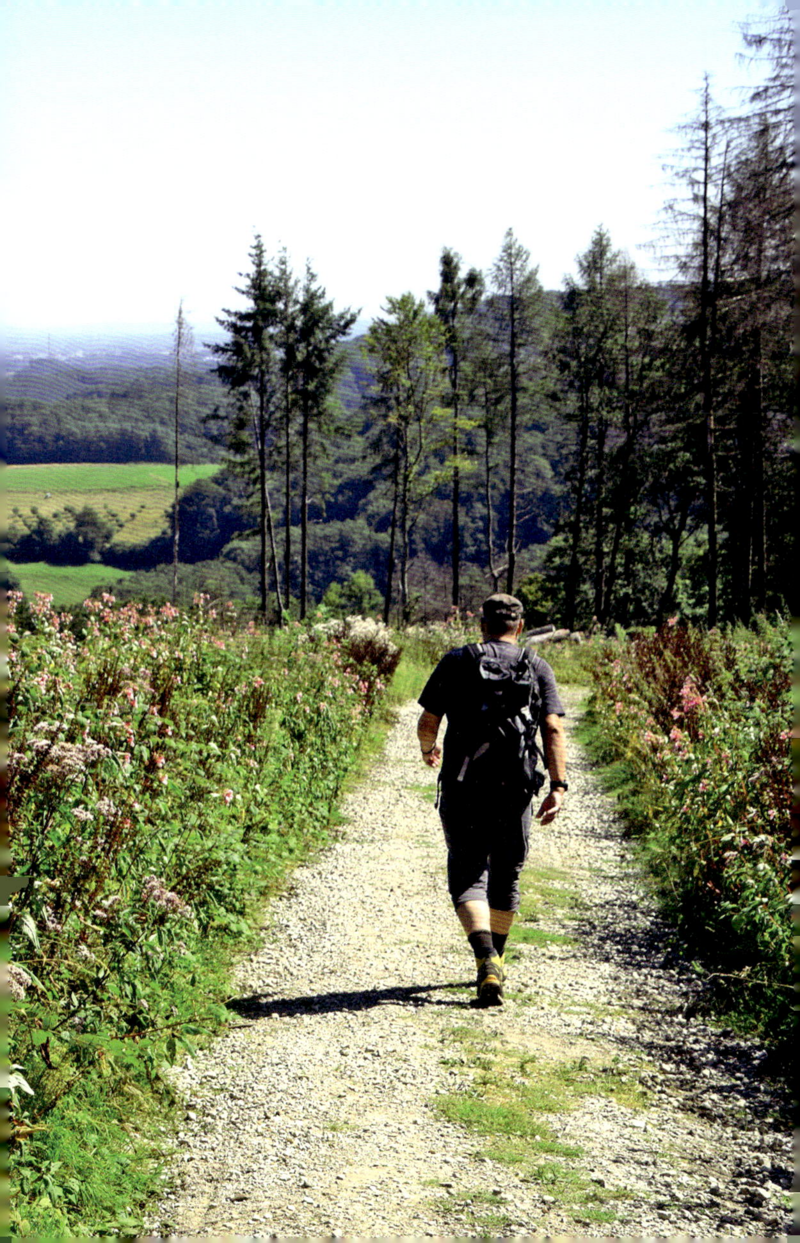

17 Am Nassen Dreieck

Tour für Begeisterte von abwechslungs- und aussichtsreichen Wanderungen

Die westlichsten Kämme des Teutoburger Waldes erheben sich auf beiden Seiten des Nassen Dreiecks, dem Zusammenfluss von Dortmund-Ems-Kanal und Mittellandkanal. Lauschige Waldgebiete und weite Aussichten warten auf Sie. Felsgruppen im Wald, ein alter Steinbruch, eine Infobox am Nassen Dreieck und vertäute Schiffe am Kanalrand machen diese Runde zu einer abwechslungsreichen Tour.

Start/Ziel: Parkplatz Schöne Aussicht, Am Teutohang, 48477 Hörstel, GPS N 52°16.166‘ E 007°37.650‘

12,2 km

3 Std. 30 Min.

200 m/200 m

50-130 m

im Bereich des Riesenbecker Berges Teutoschleife Waldauenweg, im Bereich des Huckbergs ab dem Kamm bis zur Schleuse Teutoschleife Bevergerner Pättken

Forst- und Waldwege, Pfad im Bereich des Steinbruchs, am Kanal entlang teilweise asphaltiert

Gasthaus zur Schleuse (nahe km 8,3), Am Nassen Dreieck (nahe km 9,4)

Unterstand (km 1,8), Relaxbank an der Kanalbrücke (km 9,5)

Eine sehr abwechslungsreiche Runde für Wanderfreudige. Westliche Runde mit Kleinen: starten am Parkplatz Hucksberg bei der L833 ❹, der Beschreibung bis zur Fußgängerbrücke zur Roten Box folgen, dort weiter auf die Nordseite, nach rechts am Kanal entlang bis zur Straßenbrücke, ab dort Wegbeschreibung folgen (4,3 km) Östliche Runde mit Größeren: Nach den zwei Fußgängerampeln an der Kreuzung vor der Kanalbrücke ❸ Richtung „Nasses Dreieck“ gehen und auf dem Radweg am Kanal entlang, bei der nächsten Brücke auf die direkt nebenan verlaufende Straße wechseln und in der Linkskehr nach der Brücke geradeaus, dann Beschreibung folgen (7,7 km)

ungeeignet

überwiegend pfotenfreundliche Wege, Freilauf gut möglich am Kanal, kaum Zugänge zu Wasser, trotzdem sehr gut geeignet

Parkplatz an Start/Ziel, Parkplatz Hucksberg bei der L833 ❹, GPS N 52°16.916‘ E 007°35.350‘

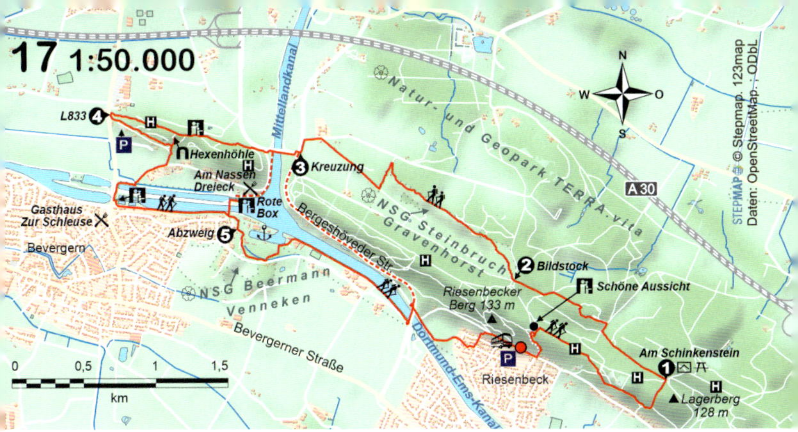

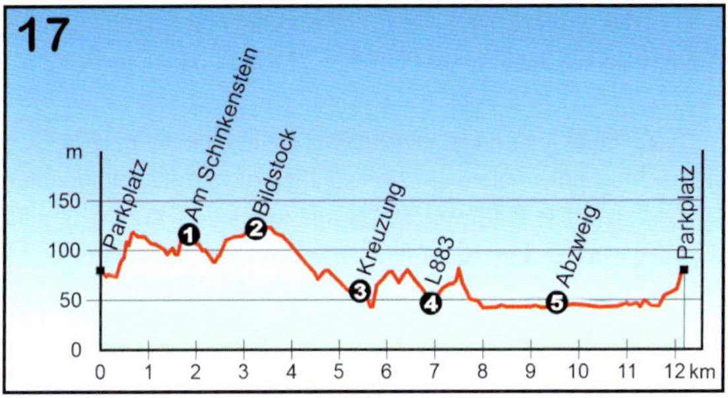

Riesenbeck, Haltestelle „Schöne Aussicht/Hörstel“, Linie R63 ab Rheine Bahnhof, Mo-Sa etwa stündlich, direkt an den Stufen zur Schönen Aussicht

Taschenlampe für die Hexenhöhle mitnehmen

Ihr Weg beginnt auf der Straße in Richtung Ortseingang und Sie biegen nach einem zweiten, kleineren Parkplatz nach links ab auf die breiten Stufen, beschildert zur „Schönen Aussicht“. Kurz vor Ende der 256 Stufen halten Sie sich rechts weiter auf Stufen hoch, dann ist der große Aussichtspunkt mit fantastischer Fernsicht übers Münsterland erreicht.

Mit der Aussicht im Rücken wenden Sie sich rechts hoch und auf dem breiten Hermannsweg am Kamm ebenfalls rechts. Nach einem Picknickplatz biegen Sie rechts ab. Der Hohlweg macht eine Rechtskehre, hier gehen Sie nach links und direkt danach halten Sie sich rechts. Jetzt folgen Sie dem Pfad am Hang entlang und zweigen nicht ab. Nach einer ersten Felsgruppe geht es kurz abwärts, nach einer weiteren, verwunschenen Felsgruppe halten Sie sich an einer Verzweigung links.

Wieder oben am Kamm erreichen Sie eine große Kreuzung mit der Wanderhütte Am Schinkenstein ❶ und Picknickbänken.

Weiter wandern Sie auf dem zweiten Abzweig nach links (Nr. 12).

Als kurzer Abstecher führt ein etwas zugewachsener Pfad nach rechts zu den Resten eines Bunkers, hinter dem sich ein alter Steinbruch verbirgt.

Ansonsten folgen Sie dem Waldweg bis zu einer T-Kreuzung am oberen Ende einer schmalen Wiese.

Hier gehen Sie nach rechts und biegen anschließend links auf einen schmalen, sandigen und tief eingeschnittenen Pfad ein, der aufwärtsführt.

Die Strecke ist beliebt bei Mountainbikerinnen und Mountainbikern als Abfahrt und es gibt wenig Platz zum Ausweichen.

Nach einem ersten steilen Anstieg treffen Sie auf eine Verzweigung, an der Sie sich schräg links halten. In hohem Kiefernwald mit Heideunterwuchs schlängelt sich der schmale Pfad weiter bergauf. An einer T-Kreuzung gehen Sie nach links. Ihr Weg wird jetzt breiter, führt vorbei an Fichtenbestand und trifft auf einen breiten Forstweg.

Hexenhöhle

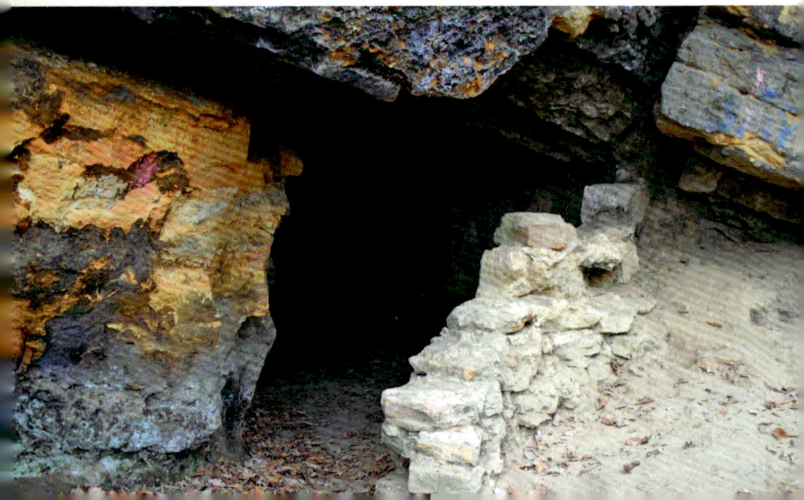

Hier gehen Sie nach links und an der nächsten Verzweigung leicht rechts. Bei einem Bildstock treffen Sie auf einen breiten Forstweg ❷.

Sie queren den Forstweg geradeaus und biegen wenige Schritte danach bei einem Naturschutzschild nach rechts ab. An einer Verzweigung bleiben Sie links, dann erreichen Sie den oberen Rand des lang gestreckten, ehemaligen Steinbruchs Gravenhorst.

Hier wurde über Jahrhunderte Sandstein der Unterkreide abgebaut, einer Zeit vor etwa 130 Millionen Jahren, zu der hier subtropische Bedingungen herrschten, mit ausgedehnten Sandstränden am Meer. Zuletzt wurde industriell bis zu einer Tiefe von 80-120 m abgebaut, 1968 wurde der Abbau eingestellt und der Steinbruch 1998 unter Naturschutz gestellt. Mit seinen bemoosten und bewachsenen Felswänden dient der Steinbruch als Lebensraum mit Fels- und Magerstandorten.

Der Wanderweg verläuft jetzt als Pfad am Zaun entlang.

Mit Kindern: Absturzgefahr auf der anderen Seite des Zaunes!

Zwischendrin leitet ein Trampelpfad auf eine kleine Kuppe nach links, von wo der Blick weit nach Norden reicht, und führt zum Hauptpfad zurück.

Dann führt der Weg kurz abwärts, auf einem kleinen Kamm entlang und schlängelt sich aus dem Wald heraus zu einer Wiese. Hier biegen Sie auf einen schmalen Pfad nach links ab, der Sie wieder hoch in den Wald bringt und dann abwärts zu einem Forstweg. Dort nach rechts geht der Weg in Asphalt über. Vor der Alpakaranch biegen Sie links ab und an der Durchgangsstraße ebenfalls links auf den Radweg.

Die Kreuzung zur Brücke ❸ überqueren Sie an zwei Ampeln und gehen dann auf der linken Seite der Brücke über den Mittellandkanal. Anschließend überqueren Sie die Nebenstraße und gehen geradeaus auf einen Pfad, der sich an der rechten Hangseite hochzieht. An der folgenden T-Kreuzung halten Sie sich rechts und kommen hoch zum breiten Hermannsweg. Diesem folgen Sie nach rechts und zu einem Aussichtspunkt.

Sie gehen weiter auf dem Hermannsweg, der als breiter Weg auf dem Kamm verläuft, und schließlich hinab zur L833 ❹. Hier biegen Sie sofort links ab auf ein Sträßchen, das auch die Zufahrt zum Parkplatz ist. An einer Verzweigung halten Sie sich links und wandern jetzt immer auf dem schönen Hauptpfad, der als Bevergerner Pättken beschildert ist. Zwei Linksabzweige ignorieren Sie.

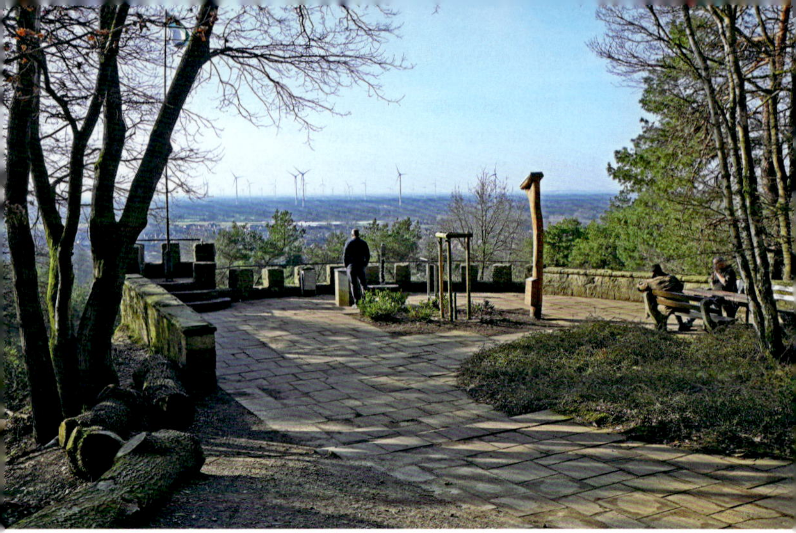

Zur Schönen Aussicht

Dann folgt eine beschilderte Kreuzung, an der Sie einen kurzen Abstecher links hoch zur Hexenhöhle unternehmen.

Der schmale Einschnitt der Hexenhöhle zieht sich auf knapp 30 m in den Sandstein und wurde teilweise von Menschen erweitert. Der Sage nach haben Hexen hier früher die Walpurgisnacht gefeiert.

Zurück an der Kreuzung folgen Sie der Beschilderung „Bevergerner Pättken" rechts abwärts, gehen auf dem Forstweg scharf links und an der Querstraße nach rechts. An Häusern vorbei kommen Sie zu einer Rechtskehre, in der ein deutlicher Weg nach links zum ehemaligen Kanal führt. An dessen Ufer laufen Sie nach rechts, am Ende links und die Stufen zur Straße hoch. Auf dem Bürgersteig gehen Sie nach links, verlassen hier das Bevergerner Pättken, gehen unterhalb der großen Schleusenanlage vorbei und sollten dahinter hoch zum Aussichtspunkt der Schleuse gehen.

↳ 100 m südlich der Schleuse befindet sich das Gasthaus zur Schleuse.

✕ **Gasthaus zur Schleuse**, Westfalenstraße 80, 48477 Hörstel, ☏ 054 59/90 60 44, ab 16:30, mit Biergarten, Pizza, Pasta, Vegetarischem

Von hier führt ein Pfad über die Wiese zur schmalen Straße entlang der Schleuse, auf der Sie nach links spazieren. Vorbei an einem Ausgleichsbecken führt der breite Weg jetzt immer am Kanal entlang bis zur Stahlkasten-Fußgängerbrücke. Über diese überqueren Sie den Kanal und gehen auf dem breiten Landsteg zwischen alter und neuer Schleuse nach rechts zur Roten Box (eine Art Aussichtsbox), vor der sich umfangreiche Informationstafeln aufreihen.

Von der Roten Box ist die Einkehrmöglichkeit Am Nassen Dreieck an der nördlichen Kanalseite zu sehen, Entfernung: 150 m.

Am Nassen Dreieck, Am Hafen 15, 48477 Hörstel, ☏ 054 59/15 71, ab 11:00, Restaurant u. Biergarten, Grillhähnchen, Pommes, Waffeln u. a.

Über die Brücke zurück geht es geradeaus bis zur kleinen Straße und dort links. Kurz nach der Straßeneinmündung von rechts zweigt ein Pfad nach rechts in den Waldstreifen ab ❺. Er führt Sie um den links liegenden Kanalhafen herum.

Infobox am Nassen Dreieck

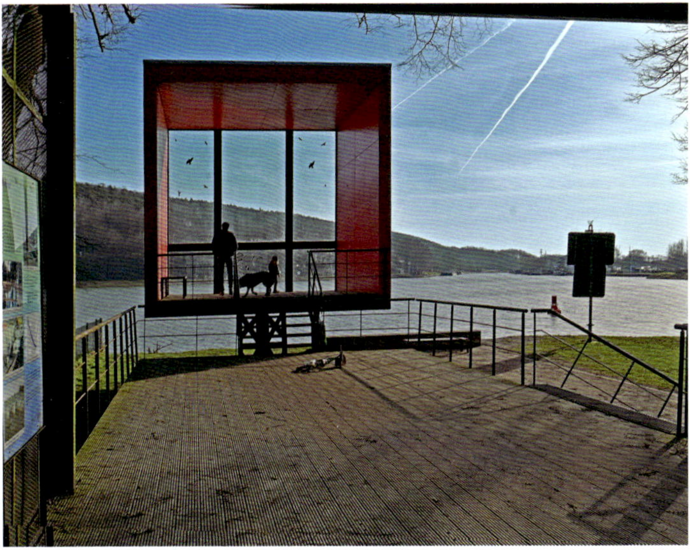

An der Bushaltestelle bleiben Sie weiter links auf dem Pfad und am Kanalhafen biegen Sie auf der Zufahrt rechts ab. Sie treffen auf eine Straßenkehre, an der Sie nach links gehen. Das schmale Asphaltband führt direkt am Kanal entlang und an den hier vertäuten Kähnen vorbei. Kurz vor Erreichen der nächsten Brücke queren Sie vor der Leitplanke zur parallel verlaufenden Straße, gehen die Stufen hoch zur Brücke und überqueren den Kanal noch einmal. Auf der anderen Seite führen Stufen hinab zur dortigen Straße, auf die Sie nach links unter der Brücke hindurch weitergehen.

In der folgenden Linkskehre wandern Sie geradeaus weiter auf einem Wirtschaftsweg, der zuerst parallel zum Uferweg führt, dann aber nach links wegführt. Im Wohngebiet von Riesenbeck gehen Sie an der ersten Kreuzung geradeaus, an der folgenden T-Kreuzung links und anschließend links in einen Fußweg. Er führt zwischen den Häusern durch, quert eine Straße und bringt Sie hinter der nächsten Häuserreihe und vorbei an Bolz- und Spielplatz hoch zur Straße Am Teutohang. Der Parkplatz befindet sich wenige Meter rechts.

Der Teutoburger Wald entstand vor etwa 65-70 Millionen Jahren im Mesozoikum, als es zu einem Bruch zwischen den Großschollen der rheinischen und niedersächsischen Seite kam. In der Folge schob sich die nördliche über die südliche Seite und die nördlichen Gesteinsschichten wurden bis zur Senkrechten aufgerichtet. Bei den Gesteinsschichten selbst handelt es sich um ältere Sedimentablagerungen aus der Trias, als vor über 200 Millionen Jahren ein tropisches Meer die Region bedeckte.

So bildet der Teutoburger Wald heute ein etwa 105 km langes, aber sehr schmales Mittelgebirge, das sich weit über das Umland erhebt. Mit 446,4 m ist der Barnacken der höchste Berg.

Der Teutoburger Wald gehört zu zwei Naturparks, vom Westen bis Bielefeld zum Natur- und Geopark TERRA.vita und östlich davon zum Naturpark Teutoburger Wald/Eggegebirge. Weite Bereiche sind außerdem als Naturschutzgebiete ausgewiesen, teils als einzelne Areale rund um schützenswerte Quellen, Steinbrüche, Heideflächen und Wälder, teils auch zusammenhängend wie zum Beispiel die FFH-Gebiete Sandsteinzug Teutoburger Wald bei Dörenthe oder Teutoburger Wald, Kleiner Berg bei Hilter/Dissen/Bad Rothenfelde oder das Naturschutzgebiet Östlicher Teutoburger Wald (FFH steht für die Flora-Fauna-Habitat-Richtlinie der EU und ist der Rahmen für die Ausweisung als europäisches Natura-2000-Naturschutzgebiet).

18 Dörenther Klippen

Tour für alle, die Felsen lieben

Frei liegende Felsklippen zeichnen den Teutoburger Wald aus und hier treffen Sie auf mehrere, einschließlich des berühmten Felsgebildes Hockendes Weib. Dazwischen erstrecken sich schöne Abschnitte durch einen Wald im Umbau. Die Wanderung ist sehr lohnenswert, aber auch extrem beliebt, deshalb sollten Sie Wochenenden und Hauptsaison meiden.

Start/Ziel: Parkplatz Bocketal, an der Straße zwischen Brochterbeck und Laggenbeck, GPS N 52°14.042' E 007°44.720'

9,6 km

3 Std. 15 Min.

295 m/295 m

75-170 m

Teutoschleife Dörenther Klippen

Forst- und Wanderwege

Almhütte (km 4,1)

Bank in der Heide (km 6,3)

Vorsicht, die Felsgruppen sind ungesichert!
Wer die Wanderung für Kleinere abkürzen will, damit Zeit zum Spielen in der Natur bleibt, kann am westlichen Parkplatz Dörenther Klippen starten: Schräg gegenüber der Parkplatzzufahrt führt ein breiter Weg hoch zum Hermannsweg/Almhütte. Vorbei am Campingplatz und beim Hauptgebäude nach links kommen Sie zur Almhütte. Dann der Beschreibung folgen bis zum Wetterpilz ❶. Dort beim ersten Abzweig gegenüber vom Pilz geradeaus und beim zweiten links auf dem Hermannsweg und wie beschrieben zurück (6,9 km). Wer gerne mit seinen Kindern kraxelt, kann auch auf Trampelpfaden vom Taleinschnitt ❸ zum Hermannsweg ❷ abkürzen.

ungeeignet

klassische Waldwanderung, kein Wasser, aber sehr gut geeignet

Parkplatz an Start/Ziel, Parkplatz Dörenther Klippen,
GPS N 52°14.800' E 007°41.716', an der Westseite der Wanderung

Brochterbeck, Haltestelle „Campingplatz", Linie R45 von Ibbenbüren nach Lengerich, stündlich, So zweistündlich, an Start/Ziel

Bei Nässe und im Winter mit Bodenfrostgefahr können die Steine glatt und rutschig werden.

Am Parkplatzende gehen Sie Richtung Wald und dann nach rechts. Sie folgen dem breiten Trimm-dich-Pfad am Wiesenrand entlang und halten sich an der ersten Verzweigung geradeaus. Beim zweiten Abzweig biegen Sie links ab und beim nächsten großen Abzweig ebenfalls links. Hier erheben sich links oben die Felsen des Dreikaiserstuhls. Sie sind besonders gut zu sehen, denn Borkenkäfer und Sturmschäden haben für teils kahle Hänge gesorgt. Der breite Fahrweg wird schmaler, steiniger und steiler und führt hoch zu einer großen Kreuzung an einem Wetterpilz ❶.

An der Kreuzung gehen Sie nach rechts und an der folgenden Verzweigung nach links auf den breiten Hermannsweg. Diesem folgen Sie durch hohen Misch- und Nadelwald bis zum Kriegsgräberfriedhof ❷. Am Friedhof gehen Sie rechts vorbei und erreichen etwas später den oberen Rand einer Wiese mit einer grandiosen Aussicht Richtung Ibbenbüren.

Felsklippen beim Hockenden Weib

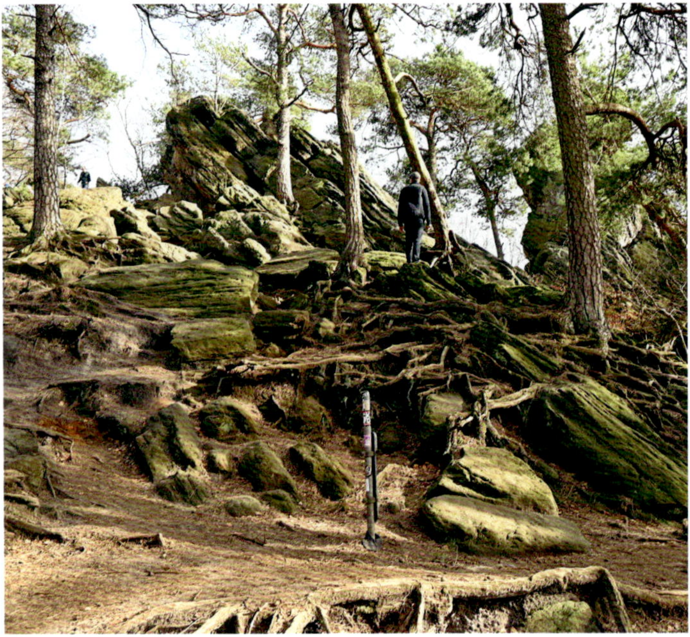

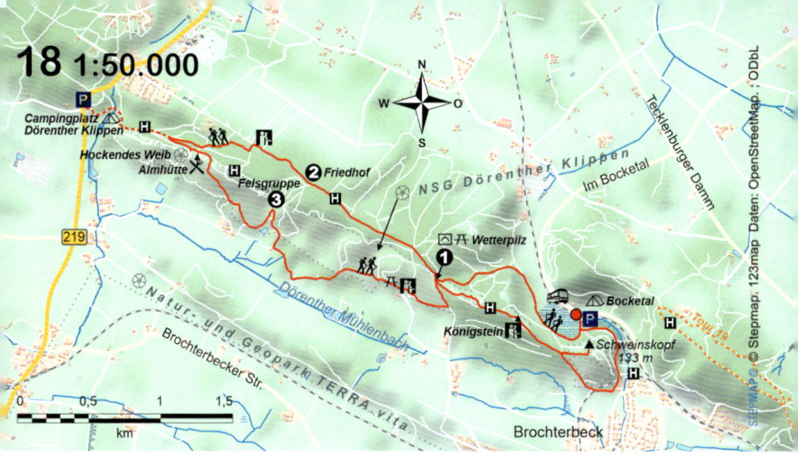

Hinter Ibbenbüren erhebt sich das Steinkohlekraftwerk auf einem Höhenzug. Es wurde bis August 2018 vom Bergwerk der RAG Anthrazit Ibbenbüren mit Brennstoff versorgt und ist seit Januar 2021 vom Netz genommen. Noch wird geklärt, ob das Kraftwerk als Netzreserve erhalten bleibt.

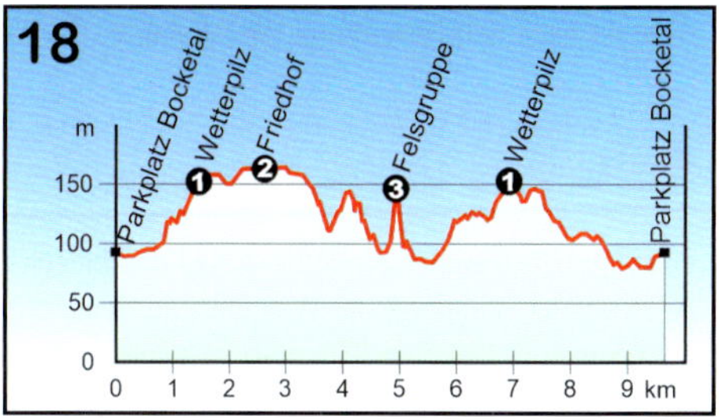

Am Wiesenende biegen Sie links ab, bei der nächsten Verzweigung rechts und halten sich dann links. Über weichen Boden und Wurzeln geht es hinab ins Tal. Dort gehen Sie auf einem breiten Weg nach rechts abwärts und biegen bei einer beschilderten Verzweigung scharf links ab. Jetzt aufwärts erreichen Sie zuerst die Felsformation Hockendes Weib. Am besten zu sehen ist die felsige Dame, wenn Sie nach den Felsen nach rechts abbiegen, dann zwischen den Felsen nach rechts queren und etwas links abwärtsgehen. Hier gibt es viele schöne Plätze, um auf und an den Felsen zu rasten.

Das Hockende Weib entstammt grauer Vorzeit, als das Meer regelmäßig an den Fuß der Felsen spülte. Als die Flut aber einmal immer höher stieg, hob die Frau ihre Kinder auf ihre Schultern und hielt sie so über dem Wasser. Sie hockte im Wasser und wurde zu Stein, ihre Kinder aber überlebten die Flut.

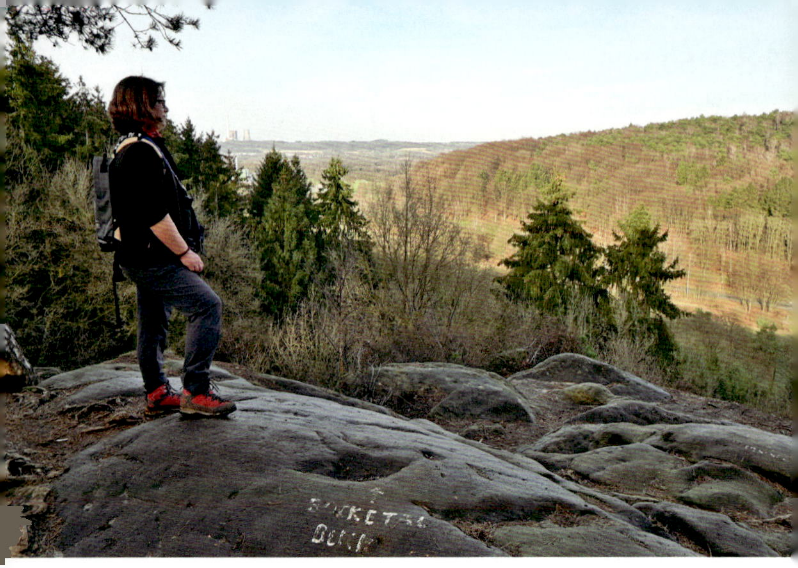

Aussicht vom Königstein, im Hintergrund das Kraftwerk Ibbenbüren

Direkt nach den Felsen folgt die Almhütte, ein Biergarten mitten im Wald.

🍷 **Almhütte**, 60, Dörenther Berg, 49479 Ibbenbüren, ☎ 054 51/162 03, ganzjährig 11:00-18:00

Sie spazieren an der Almhütte vorbei und biegen wenig später rechts ab. Hier wird es wieder ruhig und der Weg führt an kleineren Felsformationen vorbei. Vor dem Zaun eines Gehöftes halten Sie sich links und wandern durch hohen Buchenwald auf einen Feldrand zu. Auch hier gehen Sie nach links. Dann wandern Sie wieder aufwärts an einem See zur Rechten vorbei und hoch zu einer weiteren großen Felsgruppe ❸. Diese lässt sich vom Weg aus auf deutlichem Pfad erforschen.

Der Weg aber führt im Taleinschnitt unterhalb der Felsen durch eine Rechtskurve, vor einem eingezäunten Aufforstungsbereich nach rechts und vor einem Haus nach links. Ein Stück wandern Sie am Waldrand entlang, dann verläuft der Weg aufwärts in den Buchenwald. Erneut blicken Sie über Felder und biegen links ab. In der Folge halten Sie sich zweimal rechts, erst im Wald und dann am Feldrand. Jetzt wandern Sie an einer Heidelandschaft vorbei auf ein altes Gehöft zu. Hier lässt sich auf einer Bank oder zwischen der Heide mit schöner Aussicht rasten.

Sie gehen am Gehöft vorbei, halten sich am Wiesenrand mit weitem Blick ins Land leicht links und treffen auf eine beschilderte Verzweigung. Hier wandern Sie links hoch zum Wetterpilz ❶. Vor dem Pilz biegen Sie nach rechts ab auf den breiten Hermannsweg.

Der nächste Pfad nach links führt auf die Klippen des Dreikaiserstuhls, die Sie am Anfang der Wanderung von unten sahen, und wieder zum Hauptweg. Anschließend liegen die Felsen des Aussichtspunktes Königstein gut sichtbar links des Hauptweges.

An der nächsten Abzweigung können Sie einen Abstecher zum Schweinskopf machen. Dazu halten Sie sich links und an der nächsten Verzweigung rechts. Auf dem Bergkegel, der nach Nordosten in kleinen Felsvorsprüngen endet, wurde eine etwa 4.000 Jahre alte, mächtige Ringwallanlage, eine Fliehburg, aus der Bronzezeit nachgewiesen.

Vom Abstecher zurück führt der Hermannsweg nach links weiter durch eine Obstwiese, auf der als Obstsortenmuseum 150 verschiedene Obstbäume wachsen. Nach der Querung von Bahngleisen erreichen Sie den Ortsrand von Brochterbeck, wo es nach links weitergeht und erneut über die Gleise. An einem Abzweig geradeaus wandern Sie weiter oberhalb des Tales und unterhalb einer alter Terrassenmauer. Sie ignorieren den Wirtschaftsweg nach rechts zur Brücke und anschließend den Abzweig nach links und kommen zur Eisenquelle, deren Bachbett ist durch Eisenschlamm, zuvor in Wasser gelöstes und dann als „Rost" ausgefallenes Eisen, leuchtend orange gefärbt.

Wenig später treffen Sie auf die Kreuzung am oberen Parkplatzende.

Hermannsweg

Auf den meisten Teuto-Wanderungen sind Sie auch auf dem Hermannsweg unterwegs. Dieser Höhenweg verläuft über insgesamt 156 km über die Kämme des Teutoburger Waldes. Er ist durchgängig mit einem weißen „H" auf schwarzem Grund gekennzeichnet. Benannt wurde er nach Hermann, dem Cherusker, der in der Varusschlacht 9 n. Chr. die Römer vernichtend schlug und dem 1875 mit dem Hermannsdenkmal ein monumentales Denkmal gesetzt wurde.

📖 **„Hermannsweg · Eggeweg** – Über die Hermannshöhen durch Teutoburger Wald und Eggegebirge" von Norbert Rother und Martin Simon, Conrad Stein Verlag, ISBN 978-3-86686-621-8, € 12,90.

⑲ Tecklenburger Entdeckungen

Tour für Fans von Felsen, Wäldern und Aussichten

Tecklenburg mit seiner Burgruine und Altstadt ist eines der touristischen Highlights des nordwestlichen Teutoburger Waldes. Auf dieser Wanderung aber lernen Sie zuerst die ruhigen Wälder in der Umgebung kennen, mit einzelnen Felsenformationen und einer Kapelle. Erst am Ende stürzen Sie sich für die Aussicht von der Ruine und vielleicht einen Boxenstopp in der Altstadt ins Getümmel der Touristinnen und Touristen.

Start/Ziel: P5 am Bismarckturm, Am Weingarten, 49545 Tecklenburg, GPS N 52°13.273' E 007°47.971'

10,8 km

3 Std.

↑ ↓ 210 m/210 m

⇧ 110-190 m

keine einheitliche Markierung

Forstwege und Pfade, beim Anstieg zur Burg Treppenstufen, viel Schatten

verschiedenen Restaurants in der Altstadt von Tecklenburg, in der Nähe von km 9,8

Rastplatz beim Wetterpilz ❷ (km 2,6 und 4,9)

Folgende Abkürzung ist gut geeignet für Kleinere: Die Schleife ab dem Wetterpilz ❷ weglassen und bei der Treppe ❺ geradeaus hoch ins Wohngebiet, an T-Kreuzung rechts zur Landstraße und dort links zum Parkplatz (6,4 km).

ungeeignet

sehr gut geeignet, keine Einschränkungen durch Naturschutzgebiete – aber natürlich trotzdem Rücksicht nehmen auf Wildtiere –, kein Wasser bis auf am sehr kleinen, geschützten Staubecken

P Parkplatz an Start/Ziel

Tecklenburg, Haltestelle „Bismarckturm", Linie R45, von Ibbenbüren nach Lengerich, stündlich, So zweistündlich, an Start/Ziel

Gegenüber der Parkplatzzufahrt startet die Wanderung in die Sackgasse Holthausen, beschildert als Waldlehrpfad. Nach rechts besticht eine weite Aussicht Richtung Ibbenbüren (☞ Tour 18). Oberhalb einer Häusergruppe gehen Sie geradeaus weiter. Links schimmern Felsformationen durch den Nadelwald, dann kommt von links die lange „Goldene Treppe" herunter.

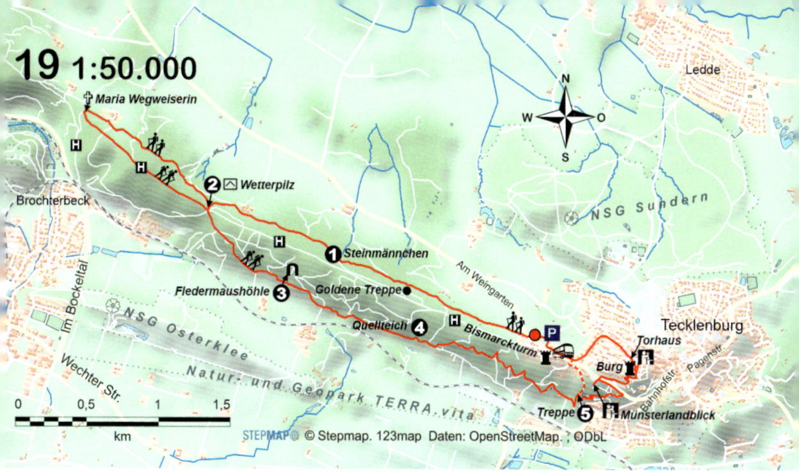

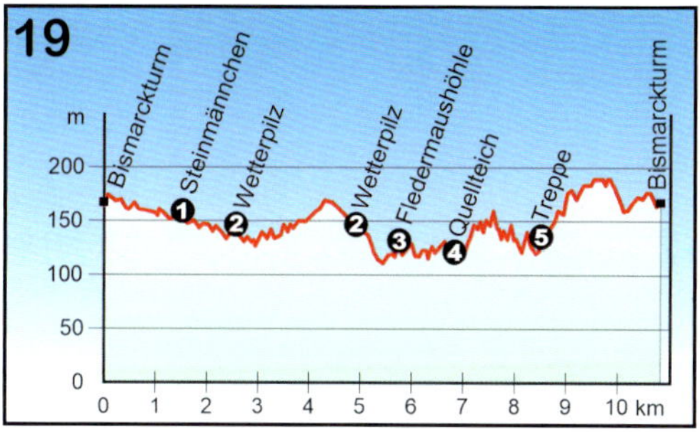

Sie wandern durch eine hohe Nadelholzallee, dann wird der Wald niedriger und an einer offenen Stelle wartet eine Heerschar von Steinmännchen ❶. Weiter geht es durch Misch- und Buchenwald, dann geben die Bäume die Aussicht nach rechts wieder frei. Der Weg wird schmaler und führt über ein paar Stufen abwärts. Beim direkt folgenden Forstweg biegen Sie nach links ab. Er führt hoch zu einer Kreuzung mit Wetterpilz ❷. Kurz vor Erreichen des Unterstandes biegen Sie scharf rechts ab auf einen teils aufgefahrenen Forstweg. Sie folgen ihm abwärts bis zu einer fast rechtwinkligen Rechtskehre. Hier wählen Sie den durch Kahlschlag schlecht erkennbaren Pfad schräg links, der am Hang entlangführt. Wenig später trifft er auf einen Forstweg, der von rechts aus dem Tal hochführt. Auf diesem gehen Sie geradeaus weiter. Bald wird der Weg zum Pfad und leitet Sie durch einen moosigen, mit Farn bewachsenen Wald. An einer Kreuzung halten Sie sich geradeaus, dann geht es an einem Zaun entlang mit Weitsicht nach Norden. Über Wurzeln ansteigend wird ein Hofgelände umgangen, dann führt der Pfad rechts abwärts zur Hofzufahrt, auf der Sie nach links gehen. Links befinden sich mehrere ehemalige Steinbrüche, an denen vorbei der Weg zur Waldkapelle Maria Wegweiserin führt.

Hinter der Kapelle biegen Sie nach links auf den Hermannsweg ab. Breit ausgebaut führt hoch auf den Kamm des Teuto und an einer Pferdekoppel mit Aussicht vorbei zum Wetterpilz ❷.

An dessen rechter Seite gehen Sie geradeaus vorbei in Richtung Fledermaushöhle. Sie folgen jetzt immer dem Hauptweg, als „Südhangweg" beschildert. Er trifft kurz auf den Waldrand, führt dort nach links weiter und taucht wieder unter das Blätterdach.

Der Wierturm auf der Tecklenburg

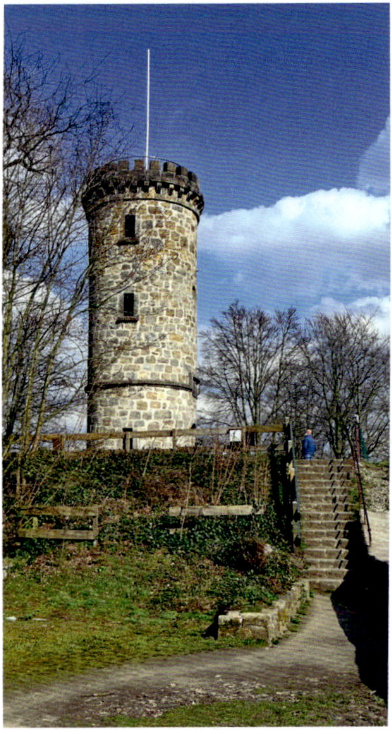

Wenig später öffnet sich nach links ein offenes, ansteigendes Tal im Wald, in dem sich mehrere Felsgruppen erheben. Hier liegt etwas oberhalb auf der linken Seite die Fledermaushöhle ❸. Sie ist schwer zu finden und um die Tiere zu schützen, darf sie nicht betreten werden. Das Tal wirkt aber auch ohne Höhlenbesichtigung verwunschen.

Im folgenden Verlauf halten Sie sich auf dem Hauptweg rechts abwärts und im Einschlagsgebiet schräg rechts zum Waldrand hin. Die nächste, beschilderte Kreuzung oberhalb eines Gehöftes queren Sie geradeaus. Jetzt führt der Wanderweg am Waldrand oder am oberen Rand von Weiden entlang und bietet immer wieder eine gute Aussicht; dabei ignorieren Sie alle Abzweige. So erreichen Sie einen Quellteich ❹, in dem Feuersalamander leben und der deshalb unberührt bleiben sollte.

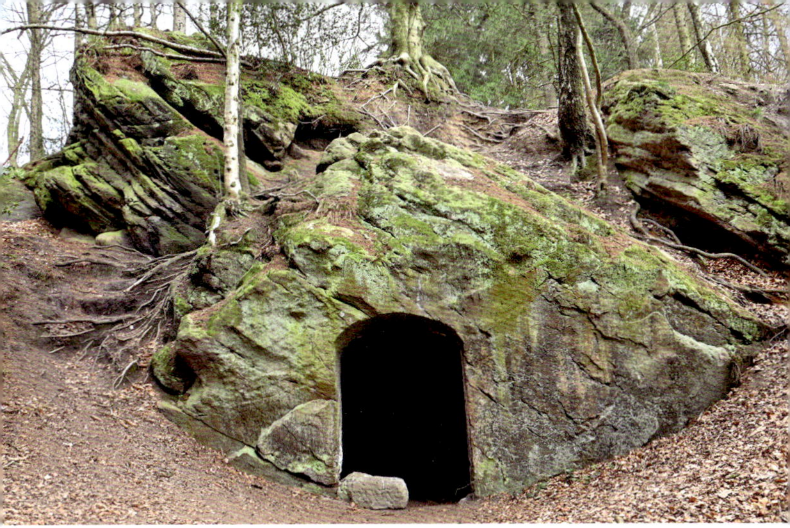

Rolandsgrab

Beim Abzweig zum Heidentempel gehen Sie geradeaus weiter, beim nächsten Abzweig direkt hinter einem Fachwerkhaus gehen Sie links hoch auf den Hexenpfad. Oben halten Sie sich rechts. Der Pfad schlängelt sich am Hang entlang, passiert verschiedene Felsgruppen und das Rolandsgrab, eine ehemalige Familiengruft im Felsen. Sie bleiben weiter auf dem Hangweg, der als „Hexenpfad" ausgeschildert ist und oberhalb der Ausläufer von Tecklenburg und dem großen Parkplatz am Bahnhof entlangführt. Weiterhin ignorieren Sie alle Abzweige links hoch und rechts runter.

Durch ein Gatter betreten Sie einen Privatweg, den Sie in der folgenden Rechtskehre geradeaus wieder verlassen. Vorbei an einem Einschnitt, durch den Quellwasser rieselt, treffen Sie auf eine beschilderte Kreuzung, an der Sie links hoch in Richtung „Burgruine/Hexenküche" gehen. Vor der Treppe ❺ biegen Sie rechts ab und gehen rechts durch die Zaunöffnung. Sie befinden sich jetzt auf dem Pfad Tecklenburger Romantik. Vorbei an Felsen im Wald gehen Sie an der nächsten Verzweigung links Stufen hoch und oben rechts. Ab jetzt ist der Weg eindeutig durch Geländer, Laternen und viele Bänke zu erkennen. Er führt unter der großen Felsgruppe mit Namen Hexenküche entlang und schließlich zur Straße hoch.

Auf dem Bürgersteig gehen Sie nach links bis zum Parkplatz und Aussichtspunkt Münsterlandblick.

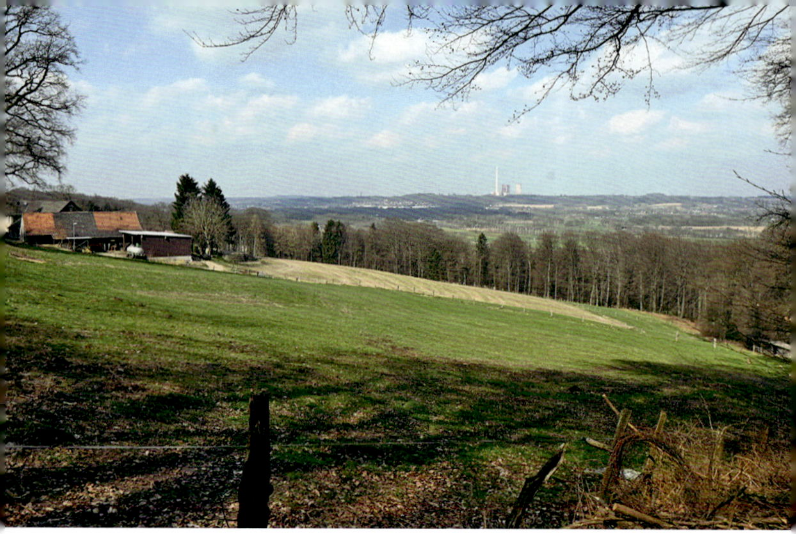

Aussicht vom Waldlehrpfad Richtung Ibbenbüren

Hier können Sie die viel befahrene Straße über einen Zebrastreifen queren und gehen gegenüber zur Jugendherberge hoch. An der ersten Verzweigung spazieren Sie nach rechts in Richtung „Altstadt" und wandern anschließend durch ein Tor und über Stufen nach links in einen kleinen Park. An dessen linkem oberem Ende führen Stufen hoch zur Rückseite der Jugendherberge. Vor der Festungsmauer gehen Sie nach rechts und dann links über Stufen hoch auf das Festungsgelände. Hier erhebt sich rechts unübersehbar der Wierturm mit grandioser Aussicht. Es lohnt, vom Turm zur genau gegenüberliegenden Seite der Festung zu gehen, um auch die Aussicht nach Norden zu genießen.

Schließlich steigen Sie über Stufen zur Freilichtbühne hinunter und überqueren diese in Richtung Torhaus. Auf seinem Dachgeschoss befindet sich ein Kriegerdenkmal.

↳ In der rechts gelegenen Altstadt von Tecklenburg gibt es eine größere Auswahl an Restaurants und Cafés.

Sie verlassen die Burg durch das Torhaus und spazieren auf der Kopfsteinpflastergasse geradeaus abwärts, immer in Richtung „P5". Die Straße führt durch eine Linkskurve und trifft auf die Bundesstraße, an der Sie sich nach rechts wenden. Vorbei am Bismarckturm kommen Sie zum Parkplatz.

⓴ Holperdorper

Tour für alle, die bergige Wald- und Wiesenlandschaften lieben

Unglaublich romantisch wirkt die Siedlung Holperdorp mit ihren verstreuten bäuerlichen Fachwerkanwesen und Almwiesen in einem Tal zwischen zwei bewaldeten Kämmen des Teutoburger Waldes! Sie und die umgebenden Wälder sind Ziel dieser Wanderung. Bäche begleiten Sie und stille Seitentäler und einen großen Steinbruch werden Sie entdecken. Immer neue Aussichten sind ebenso wie einige schweißtreibende Anstiege garantiert.

Start/Ziel: Parkplatz Hallenfreibad Lienen, Holperdorper Str. 37, 49536 Lienen, GPS N 52°09.300‘ E 007°58.250‘

13,5 km

4 Std.

400 m/400 m

105-240 m

Teutoschleife Holperdorper

Wechsel zwischen Wald-/Feldwegen, Pfaden und kurze Stücke auf Asphalt

Biergarten Malepartus (km 12,3)

Quelle (km 2,7), Aussichtspunkt (km 3,9), Relaxbank (km 6,2), am Feldrand (km 9,4)

Hallenfreibad an Start/Ziel

Da die Tour für die meisten Kids zu lang sein wird, um Spaß zu machen, hier ein Vorschlag zum Kürzen: ab der T-Kreuzung ❷ auf dem Hermannsweg zum Malepartus ❺ wandern, gesamt 8,2 km, oder: um die schöne Aussicht auf dem Abstieg ins Holperdorper-Tal zu sehen, kann man auch ab der T-Kreuzung ❷ nach Beschreibung weiterwandern ins Tal und hoch bis zum nächsten Parkplatz und von dort dem Hermannsweg bis zum Malepartus ❺ folgen, gesamt 8,7 km mit einem zusätzlichen Anstieg

ungeeignet

pfotenfreundliche Wege, mehrfach Wasser zum Trinken, Freilauf möglich

Parkplatz an Start/Ziel

Lienen, Haltestelle „Hallenbad“, Linie 217 ab Lienen, Mo-Fr fünf Fahrten/Tag, an Start/Ziel

Hier ist die aktuelle Wegführung beschrieben mit einer Umleitung ab der Bank an der Straße im Tal nach der T-Kreuzung ❷, die wegen Baumsturzgefahr beim ursprünglichen Weg eingerichtet wurde.

☺ Die Wanderung weist sehr viele Abzweige auf, ist aber gut beschildert.

Vom Parkplatz starten Sie in Richtung Bad. Am dortigen Parkplatz befindet sich eine Infotafel zur hier beschriebenen Wanderung. Es geht die Rampe rechts hoch und oben auf dem Sträßchen nach links. An der T-Kreuzung gehen Sie rechts und biegen direkt nach links in den Waldweg ein, der am Waldrand steinig bergauf führt. Hinter dem letzten Haus geht es nach links und dann auf Asphalt nach rechts an einer Streuobstwiese entlang. In der folgenden Linkskehre biegen Sie auf den zweiten Fahrweg Zum Wasserfall nach rechts ab und überqueren sofort den Ölmühlenbach. Direkt hinter der Brücke führt ein kurzer, steiler und rutschiger Abstieg hinunter an den Bach und zum kleinen Wasserfall unter der Brücke.

An der nächsten Verzweigung wandern Sie geradeaus hoch in den Wald auf steinigem Weg. Er wird zum breiten Pfad, dem Sie immer folgen, auch durch eine Linkskehre vor einem eingezäunten Gebiet. Dann trifft er auf eine Straße ❶ und es geht nach rechts weiter. An der T-Kreuzung wandern Sie nach rechts auf dem Forstweg in den Wald und beim nächsten Abzweig auf einen Pfad nach links. Ein steiniger Weg führt durch den offenen Buchenwald aufwärts, hier sind vielfältige Vogelstimmen zu hören und auch die Hähne der Höfe zum Fuß des Waldes. An einer Verzweigung halten Sie sich rechts, der Weg verläuft jetzt am Waldrand oberhalb einer Wiese mit weiter Aussicht nach Süden. Am Ende der Wiese biegt der Weg nach links ab, führt auf einen Schotterweg und trifft auf eine T-Kreuzung. Hier biegen Sie rechts ab und am nächsten Abzweig ebenfalls rechts.

Der breite Forstweg führt in den Wald und am Mühlenbach entlang aufwärts. An einer Kreuzung geht es geradeaus weiter und dann erreichen Sie die Brüggelieth-Quelle unterhalb einer Felswand mit Infotafel und Bänken.

Der Fahrweg führt im Taleinschnitt weiter bergauf durch hohen Buchenwald fast ohne Unterwuchs und in einer weiten Kehre hoch zum Kamm. Dort an der T-Kreuzung geht es links weiter aufwärts entlang der Böschung, hinter der sich der Steinbruch befindet. Beim Aussichtspunkt mit Bank ist der höchste Punkt der Wanderung erreicht.

An der folgenden T-Kreuzung ❷ biegen Sie nach links ab.

Hier kommen Sie auf beschildertem Weg nach 2,2 km zum Biergarten Malepartus auf dem Hermannsweg.

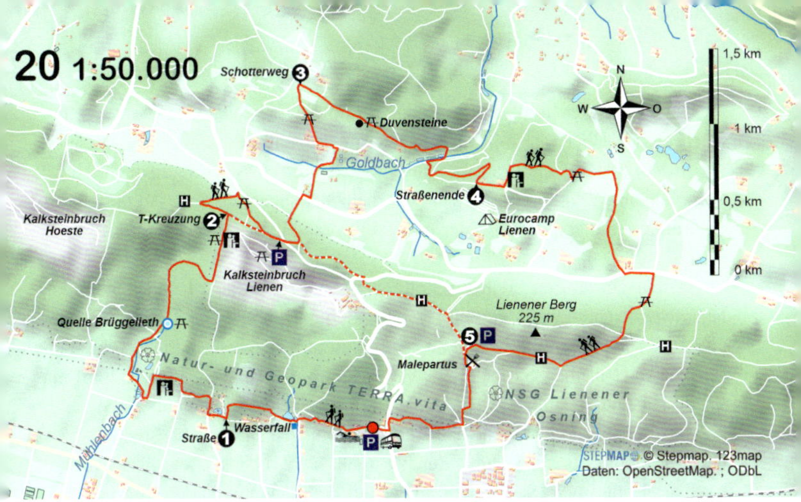

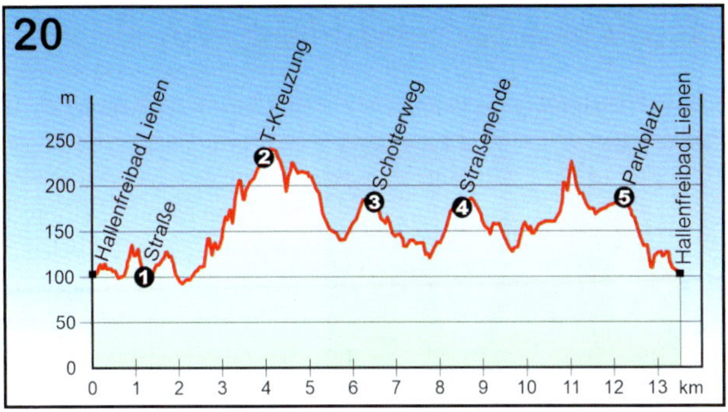

Beim nächsten Abzweig halten Sie sich scharf rechts. Der Forstweg führt steil abwärts, an in Baumstümpfe geschnitzten Figuren vorbei, und bietet eine weite Aussicht über das hügelige Land. Direkt vor der Bank geht es nach rechts wieder hoch. Kurz vor der Kuppe auf einer freigeschlagenen Fläche beschreibt der Pfad eine Linkskurve, führt geradeaus auf einen Forstweg und trifft anschließend auf den breiten Hermannsweg, auf dem Sie nach links weitergehen.

Beim Wanderparkplatz mit Tisch und Bänken überqueren Sie die Straße geradeaus. An der nächsten Abzweigung verlassen Sie den Hermannsweg nach links abwärts. An einem Feld vorbei kommen Sie zur Straße und einem Gehöft. Dort gehen Sie nach rechts und hinter dem Gehöft nach links.

Der Wiesenweg führt Sie zu Koppeln und abwärts ins Tal des Goldbaches. Nach dessen Überquerung halten Sie sich rechts und am Sträßchen nach links. Nach dem ersten Gehöft auf der linken Seite führt ein Wiesenweg rechts hoch und oben am Waldrand wartet eine Relaxbank mit super Aussicht. An dieser vorbei wandern Sie geradeaus weiter und am Feldrand in der nächsten Senke schräg rechts.

Sie biegen auf den breiten Schotterweg nach rechts ab ❸ und folgen dem Hauptweg leicht abwärts zu den Duvensteinen mit Infotafel und Bänken. Weiter auf dem Hauptweg oberhalb des Talgrundes und durch nachwachsendes Einschlagsgebiet bleiben Sie bei einer Verzweigung rechts. Wenig später führt ein Pfad rechts in den intakten Fichtenwald hinunter zu einem Damm über den Goldbach. Anschließend gehen Sie nach rechts und biegen auf den nächsten Forstweg nach links aufwärts ab. Er führt durch ein stilles Tal, ebenfalls ein Einschlagsgebiet, am Hang hoch. Sie bleiben immer auf dem Hauptweg, der kurz vor dem Kamm eine scharfe Rechtskehre beschreibt und in der folgenden scharfen Linkskehre auf ein Haus und ein Straßenende trifft ❹. Sie folgen der Straße und biegen bei der nächsten Kreuzung nach links auf einen Wiesenweg ab. Hier bietet sich eine fantastische Aussicht auf die Höhen des Teutoburger Waldes. Am Waldrand halten Sie sich rechts auf den zwei Fahrspuren, die sich durch ein einsames, ebenfalls eingeschlagenes Tal schlängeln. An einem Querweg gehen Sie rechts hoch und vor dem Feld nach links. Der Weg führt jetzt durch Felder hindurch und an der nächsten Kreuzung geht es nach rechts am Waldrand weiter. Bald verläuft der Fahrweg wieder im Wald bergauf und bei einem Wasserbecken halten Sie sich links.

Scheue Begegnung im Wald

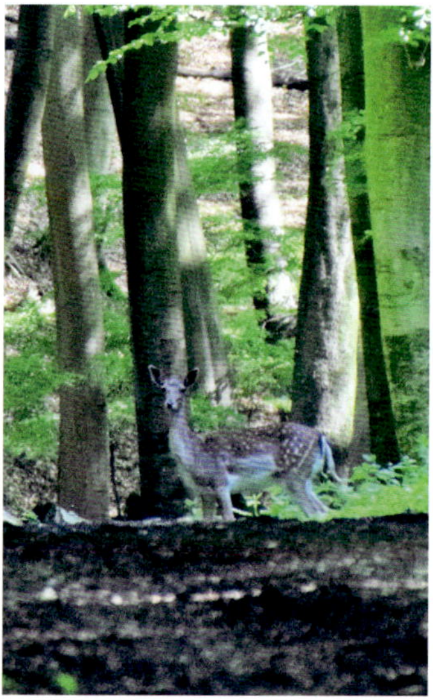

Schließlich treffen Sie auf eine Straße, biegen links ab und wandern den nächsten Feldweg rechts weiter aufwärts. Am Kamm erwarten Sie eine Bank und eine Kreuzung, an der Sie geradeaus gehen.

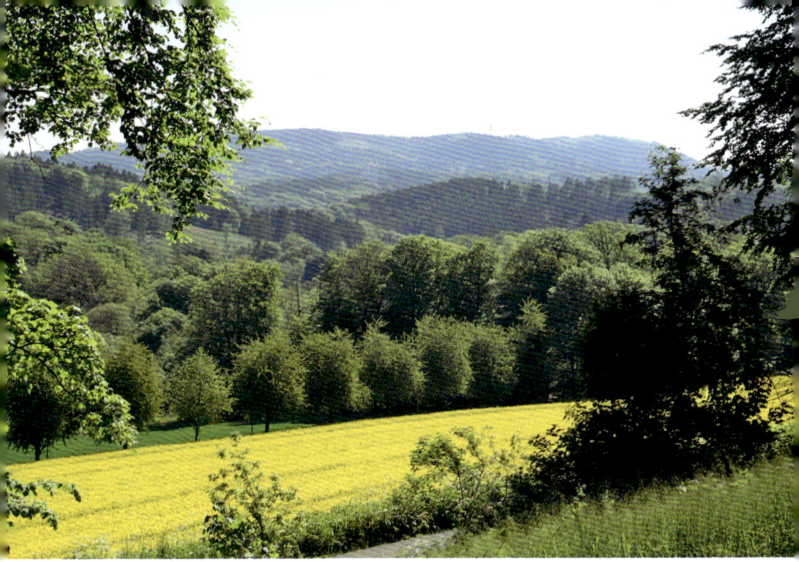

Aussicht über Holperdorper Richtung Dörenberg

Auch die Kreuzung des Hermannsweges überqueren Sie geradeaus. Ab jetzt folgt ein langes, angenehmes Wegstück ohne Steigung im Schatten des Waldes. An der nächsten Verzweigung halten Sie sich rechts auf breitem Forstweg und an der folgenden Kreuzung bleiben Sie geradeaus ebenfalls auf dem Forstweg. So kommen Sie schließlich zum Parkplatz oberhalb des Biergartens Malepartus ❺.

Malepartus, Malepartusweg 6, 49536 Lienen, ☏ 054 83/83 37, täglich 11:00-22:00, Biergarten auf großer Außenterrasse und schöner Aussicht, bayrische Küche, Windbeutel, Eis

Hier gehen Sie nach links und an der Terrasse des Biergartens rechts vorbei. An der folgenden T-Kreuzung wandern Sie rechts abwärts, halten sich bei einer Verzweigung rechts und am Waldrand bei einer Bank ebenfalls rechts. Sie wählen den Pfad schräg links am Waldrand entlang. Er führt als Fahrweg hinter einigen Häusern entlang zu einer Straße, an der Sie erst links abbiegen, und danach gehen Sie rechts zum Parkplatz.

Hallenfreibad, Holperdorper Str. 37, 49536 Lienen, ☏ 054 83/742 98, die Öffnungszeiten finden Sie auf https://bwg-baeder.de/lienen/offnungszeiten.

21 Rehquelle und Steinegge

Tour mit Aussicht für Waldläufer und Waldläuferinnen

Zwei unterschiedliche Gesichter des Teutos erleben Sie auf dieser Tour: Die lauschigen Quellteiche am Hang in schattigem Wald, schön angelegt mit Bänken zum Rasten, zeugen von seiner Bedeutung als Regenfänger und Wasserspender. Wie er als Mittelgebirge sein Umland überragt, können Sie vom Aussichtsturm der Steinegge bestaunen, der einen der schönsten Ausblicke des Teutos mit 360°-Rundumsicht bietet.

- Start/Ziel: Wanderparkplatz Rehquellen an der L94 zwischen Dissen und Wellingholzhausen, GPS N 52°8.473‘ E 008°13.330‘
- 12,7 km
- 4 Std.
- 270 m/270 m
- 140-307 m
- keine einheitliche Markierung
- fast komplett auf Forstwegen, nur kurze Stücke auf Pfaden
- Restaurant Waldschänke, an der L94 etwa 350 m nördlich vom nördlichsten Punkt der Wanderung
- Große Rehquelle (km 0,5 und 12,2), Blauer See (km 1,6), Schwarze Welle (km 9,2), an der Hasefurt (km 9,9)
- Der Abschnitt zwischen Aussichtsturm und Schwarzer Welle ist für Kinder eher langweilig. Wirklich schön dagegen ist eine Runde zu den verschiedenen Quellen vom Blauen See direkt zur Schwarzen Welle: am Blauen See links und direkt auf den ersten Forstweg nach rechts, am Ende der Linkskehre auf einen Pfad nach rechts, der direkt über die Hase führt, dann rechts zur Schwarzen Welle. Ab dort der Wegbeschreibung folgen.
- wegen langer Anstiege ungeeignet
- mehrfach gutes Quellwasser, Forstwege, viel Schatten, beim Freilauf bitte Rücksicht auf die Tiere im Wald nehmen
- Parkplatz an Start/Ziel
- Dissen, Haltestelle „Rechenberg“, Linie 309 zwischen Bad Rothenfelde und Melle, Mo-Fr 3-5 Fahrten, So 2 Fahrten, an Start/Ziel

Am Parkplatz lohnt ein Abstecher zu den Kalksinterterrassen, über die ein Holzsteg führt (beschildert).

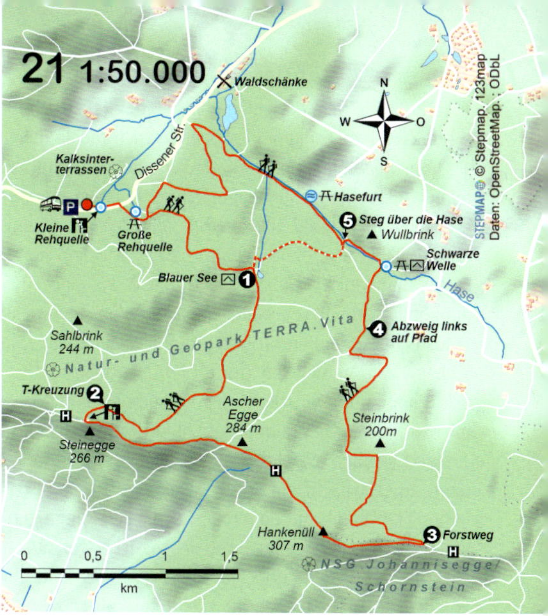

Am unteren Ende des Parkplatzes folgen Sie den Hinweisschildern zur Kleinen und Großen Rehquelle. Sie wandern parallel zur Straße, kommen am Aussichtspunkt der Kleinen Rehquelle vorbei und treffen auf die Straße. Diese überqueren Sie und gehen auf dem gegenüberliegenden Forstweg weiter. An der nächsten Kreuzung führt ein Fußweg runter zur in Steinen gefassten Großen Rehquelle mit Picknickbänken und Relaxbank. Zurück an der Kreuzung geht es jetzt nach links weiter Richtung Blauer See/Schwarze Welle. An der nächsten Verzweigung wandern Sie geradeaus durch den hohen Buchenwald, bleiben immer auf dem Hauptweg und kommen zur Schutzhütte am Blauen See ❶.

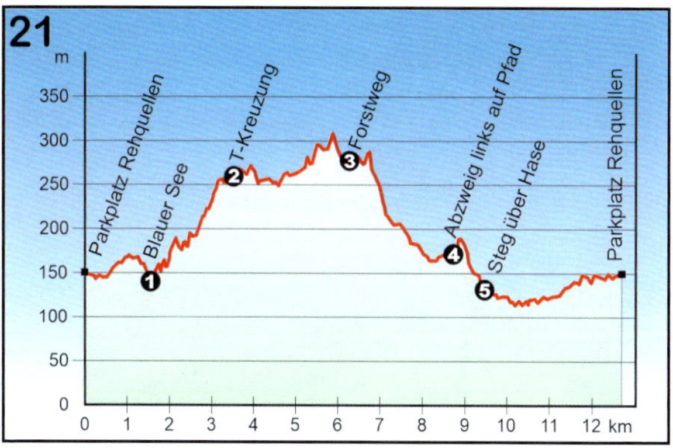

Der kleine See, der einen ehemaligen Steinbruch füllt und früher fast ganzjährig milchig blau schimmerte, befindet sich rechts dahinter.

Vom See führt ein Pfad wieder auf den Hauptweg, dem Sie jetzt aufwärts immer in Richtung Steinegge folgen, und Sie ignorieren alle Abzweige. Durch moosigen Nadelwald erreichen Sie eine Y-Verzweigung und wandern rechts weiter, jetzt teilweise ohne Schatten. Kurz vor dem Kamm schwenkt der Weg nach rechts und wird kurz eben. Dann trifft er auf eine T-Kreuzung ❷, an der es links auf gepflastertem Weg weiter hochgeht. Am Zaun des Fernmeldeturmes führt ein Pfad rechts vorbei und trifft auf den Hermannsweg. Nach links befinden sich der Zugang zur Aussichtsplattform und der weitere Weg. Die Aussichtsplattform ist 25 m hoch und ermöglicht einen grandiosen 360°-Blick über den Teuto und weit ins Land, eine der besten Aussichten des Mittelgebirges.

Jetzt wandern Sie auf dem Hermannsweg Richtung Osten, erst leicht abwärts, dann an der nächsten Kreuzung geradeaus und steinig hoch auf den 307 m hohen Hankenüll. Auf dem relativ schmalen Kamm geben hohe Bäume und kleine Einschlagsflächen immer wieder Aussicht frei auf das tiefer liegende, weite Umland. Nach der Kuppe führt der Weg als Pfad abwärts und stößt auf einen Forstweg ❸. Hier biegen Sie scharf links ab.

Lauschige Rastmöglichkeiten an der Schwarzen Welle

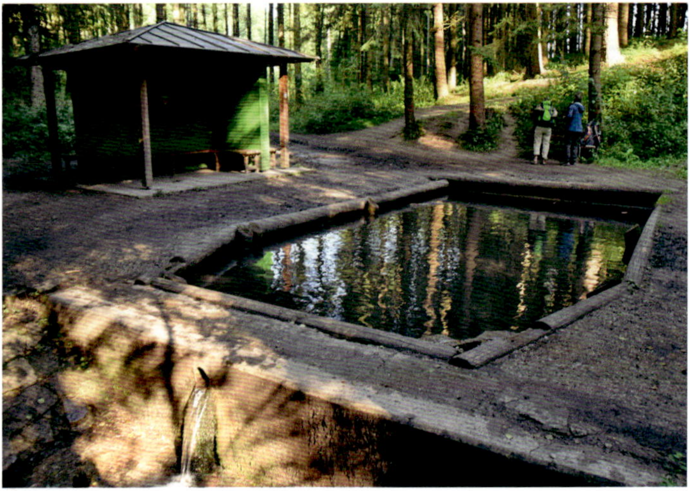

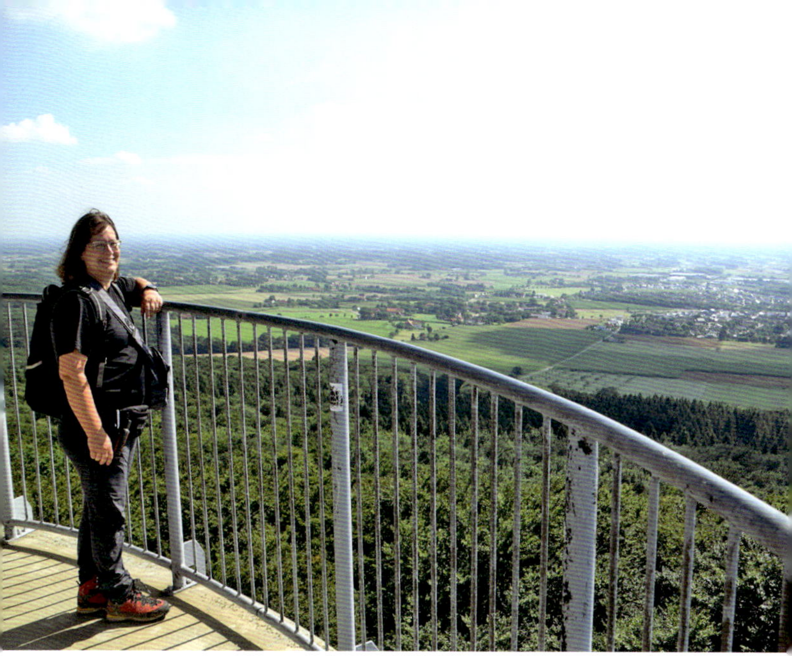

Berauschende Aussicht vom Turm auf der Steinegge

Durch den Wald geht es stetig abwärts. An der nächsten T-Kreuzung gehen Sie nach links weiter durch stillen Wald, dann führt der Fahrweg hinaus auf Wiesen mit Blick auf Gehöfte und wieder in den Wald. Am nächsten Wegedreieck halten Sie sich rechts und biegen wenig später nach links ab auf einen Pfad ❹ durch hohen Fichtenwald, der mit dem roten „T“ von „Quelle zu Quelle“ beschildert ist. Die nächste Kreuzung queren Sie geradeaus, dann erreichen Sie die Schwarze Welle, die in einem Becken gefasste Quelle der Hase. Hier in der schattigen Senke bieten sich Bänke, Relaxliege und ein Unterstand für eine Rast an.

Weiter geht es auf dem schmalen Fußweg an der Hase entlang. In einem Fichtendickicht führt ein Pfad nach links zu einem Steg über die Hase ❺ und hoch zum Forstweg. Hier biegen Sie rechts ab und folgen dem Forstweg im Tal der Hase. Bei dem nächsten Abzweig kann ein Abstecher nach rechts zur Furt und der überdachten Picknickbank auf der anderen Bachseite führen. Abgesehen davon wandern Sie immer auf dem Hauptweg durch Wald und Gebüsch, rechts sprudelt die Hase meist nicht sichtbar im Grünen, bis Sie vor sich die Straße sehen.

An der L94 liegt etwa 350 m nördlich eine Einkehr.

Restaurant Waldschänke, Dissener Str. 73, 49326 Melle, ☏ 054 29/26 83, Do-So ab 18:00, So auch 12:00-15:00, Reservierung empfohlen, Gerichte mit Zutaten von örtlichen Erzeugerinnen und Erzeugern

Hier biegen Sie scharf links ab und wandern noch einmal aufwärts zur T-Kreuzung mit einem Forstweg. Sie biegen rechts ab und gehen weiter, bis Sie einen Pfad erreichen, der links hochführt und auf den Hinweg trifft. Dort gehen Sie nach rechts, an der Großen Rehquelle vorbei, überqueren die Straße und gehen dann nach links zurück zum Parkplatz.

Wald im Umbau

Ursprünglich dominierten in Deutschland Laubmischwälder. Fichten wurden vor allem wegen ihres wirtschaftlichen Nutzens und schnellen Wuchses angebaut. Wie fast überall in Deutschland sterben die ausgedehnten Fichtenkulturen auch im Teutoburger Wald. Gründe für die Anfälligkeit der Fichten sind unter anderem die höhere Verdunstung, da sie ganzjährig grün sind, aber auch die schlechtere Boden- und Humusqualität reiner Fichtenwälder, die weniger Wasser zurückhalten können als Mischwälder mit entsprechendem Unterholz. Unter Stress haben dann Schädlinge ein leichtes Spiel.

An den Hängen des Teutoburger Waldes stehen die Fichtenkulturen oft auf dünnen Humusschichten mit felsigem Untergrund und sind dem trocknenden Wind frei ausgesetzt. Hier sind regelmäßig die Folgen des Klimawandels und das dadurch bedingte Waldsterben zu sehen.

Konkret für die letzten Jahre bedeutete dies: Nachdem der Orkan Friederike Anfang 2018 viele Bäume entwurzelte und schädigte, folgten die extrem trockene Jahre 2018-20. Der Wassermangel führte dazu, dass die Bäume weniger Pflanzensaft hatten, die Harzbildung verringern mussten und sich nicht mehr gegen Borkenkäfer wehren konnten. Diese breiteten sich explosionsartig aus. Weite Teile der Fichtenwälder zeigen inzwischen braune Kronen oder wurden bereits abgeholzt. Aber auch heimische Laubbäume wie die Buche tun sich mit der Trockenheit schwer.

So befindet sich der Teutoburger Wald im Umbau und im Laufe der nächsten Jahrzehnte werden wir erleben, ob eine Wiederaufforstung mit gemischten Kulturen sowie ein konsequenter Einsatz gegen den Klimawandel erfolgreich sein werden. Bei all dem muss man sich klarmachen, dass der aktuelle Zustand der Wälder keineswegs immer so war. Bis ins 20. Jahrhundert hinein gab es zum Beispiel großflächige Wacholderheiden an den Hängen des Teutos (☞ Tour 23).

22 Barenberg und Große Egge

Tour für alle, die Wald und Weitsicht suchen

Es sind vor allem die Aussichten, die Sie beeindrucken werden. Während Sie auf dem Barenberg überwiegend durch intakten Wald wandern, ist der Überblick von der Großen Egge wegen der vielen Freiflächen grandios. Hier können Sie aufgrund der vielen Blütengewächse, deren Wachstum in den Freiflächen möglich ist, auch ungewöhnlich viele Insekten und Schmetterlinge entdecken. Einen Erlebniswald nicht nur für Kinder und die Ruine der Burg Ravensberg lernen Sie ebenfalls kennen.

Start/Ziel: Parkplatz Burg Ravensberg, Barenbergweg, 33829 Borgholzhausen, GPS N 52°5.200‘ E 008°17.400‘

15,2 km

4 Std. 30 Min.

450 m/450 m

115-312 m

Hinweg: Hermannsweg, Rückweg: Rundweg Haller Egge und Barenbergrunde

Forstwege, nur teilweise Schatten, steiler Anstieg auf die Große Egge

Gaststätte Burg Ravensberg (km 0,8 und 14,4)

am Start/Ziel, Relaxliege (km 2,9), am Kamm (km 5,0), Blick auf Borgholzhausen (km 11,9)

Für die allermeisten Kinder ist die ganze Runde auch wegen der vielen Forstwege zu lang und zu wenig abwechslungsreich. Sehr empfehlenswert mit Kleinen ist neben einem Besuch der Burg der beschilderte Weg zum Erlebniswald in der Clever Schlucht, ein toller Platz zum Spielen in der Natur.
Eine Alternative ist die Runde um den Barensberg nach Beschreibung bis zur Straße Hesseltal 3 und dort wie beschrieben zurück (9,6 km).

ungeeignet wegen teils steiler Anstiege

Forstwege, Wasser nur im Hesseltal, viele Möglichkeiten zum Freilauf, sehr gut geeignet

Parkplatz an Start/Ziel

Borgh-Holtfeld, Haltestelle „Ravensburg“, Linie 190 von Borgholzhausen, Linie 90 von Versmold nach Halle, Haltestelle wird leider nur vereinzelt angefahren, gegenüber in die Zufahrt zum Parkplatz gehen

An der Johannisegge westlich von Borgholzhausen befindet sich der Luisenturm, ein hölzerner Aussichtsturm, an den man bis auf 300 m heranfahren kann.

Sie starten auf dem Parkplatz, der auf der rechten Seite der Zufahrt liegt. An seinem hinteren Ende beginnt ein beschilderter Fußweg, der hinter einem Gehöft auf einen Fahrweg trifft. Dieser führt nach rechts immer aufwärts bis zur Burg Ravensberg.

Burg Ravensberg

Als Stammsitz der Grafen von Ravensberg wurde um 1080 hier eine Höhenburg mit Vor- und Hauptburg sowie Ringmauer erbaut. Der Bergfried wurde Mitte des 17. Jahrhunderts erneuert, nur etwa 25 Jahre später wurde die Burg bei einem Angriff weitgehend zerstört. In der Folge verfiel sie immer weiter und wurde als Steinbruch für neue Häuser genutzt. Nur der Bergfried blieb bestehen und 1868 wurde das Forsthaus, heute Gaststätte, auf das Gelände gebaut, um es als Ausflugsziel weiter zu erhalten. Seit 2003 kümmert sich eine Stiftung um Erhalt und Nutzung der Burg.

✕ **Gaststätte Burg Ravensberg**, Burg Ravensberg 1, 33829 Borgholzhausen, ☏ 054 25/93 35 44, bewirtschaftet von der Stiftung Burg Ravensberg, April-Oktober Sa/So/Feier-/Brückentage 11:00-18:00, Winter gleiche Tage 12:00-17:00

Unterstand mit Relaxliege

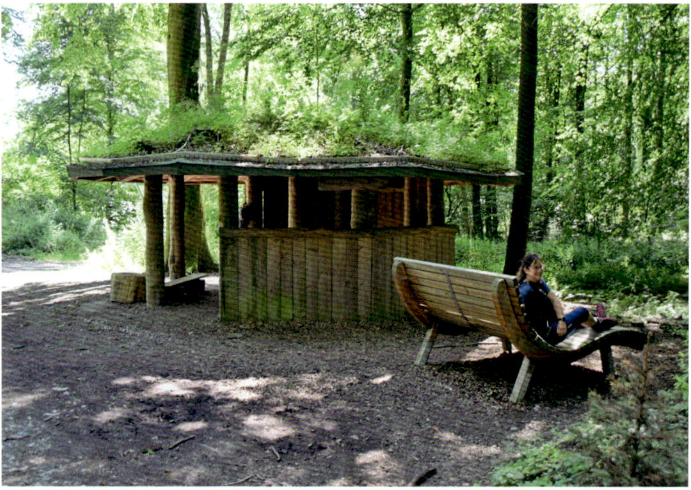

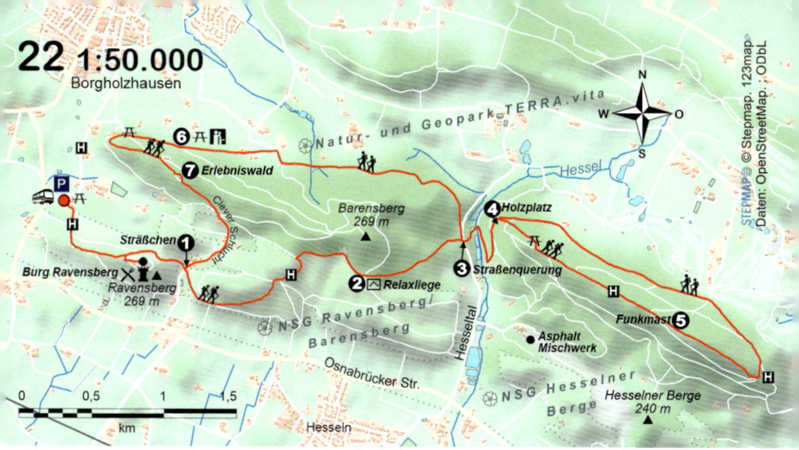

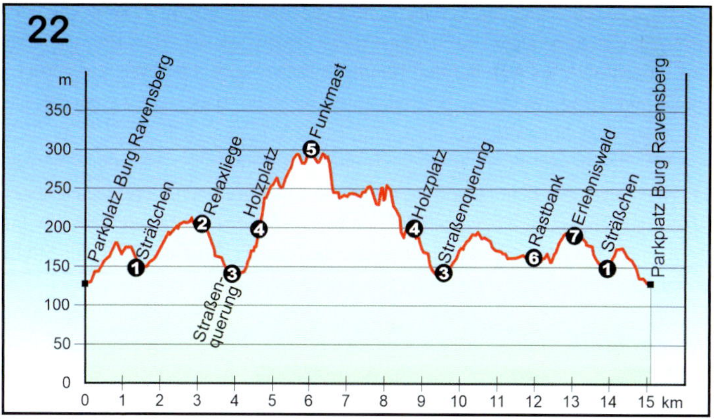

Von der Burg gehen Sie auf dem Zuweg zurück und biegen bei dem zweiten Abzweig nach rechts ab auf den Hermannsweg. Am Hang des Burgberges führt er abwärts zu einem Sträßchen ❶. Dieses überqueren Sie und wandern geradeaus weiter durch Buchenwald. Sie folgen dem mit „H“ markierten Hauptweg aufwärts. An einer Kreuzung treffen Sie auf einen Unterstand mit Relaxliege ❷. Es geht geradeaus weiter, jetzt etwas steinig und abwärts durch offeneres Gelände mit Blick auf die Große Egge. Zwischendurch ist die hohe Flanke des aktiven Steinbruchs der Firmengruppe Diekmann zu sehen, der sich zwischen zwei Naturschutzgebieten der Hesselner Berge an der Flanke der Großen Egge erstreckt.

Hier wird Hartkalkstein abgebaut und zu unterschiedlichsten Körnungen verarbeitet, die teilweise im benachbarten Asphaltmischwerk zum Einsatz kommen.

Eine kleine Straße überqueren Sie geradeaus ❸, dann wandern Sie an einem Teich entlang und über die Brücke der Hessel. Dahinter geht es nach rechts am Hang aufwärts und an der nächsten T-Kreuzung scharf links. Der Hauptweg führt durch eine Linkskurve. Bei einer Verzweigung halten Sie sich rechts. An einem kleinen Holz- oder Wendeplatz ❹ steigen Sie auf dem steinigen Weg rechts hoch. Steil und ohne Schatten, dafür mit weiter Aussicht treffen Sie am Waldrand auf eine Verzweigung, an der Sie nach rechts weitergehen. So erreichen Sie den Kamm mit einer Bank und biegen links ab auf den Kammweg. Jetzt im Schatten von Buchen geht es weiter aufwärts, wenn auch nicht mehr ganz so steil, dafür oft mit Aussicht. Schließlich wandern Sie die letzten Meter schattenlos zu einem Häuschen mit Funkmast, dem höchsten Punkt der Großen Egge ❺.

Ab jetzt geht es steinig-geröllig abwärts und an der ersten Verzweigung nach links. An der folgenden T-Kreuzung verabschieden Sie sich vom Hermannsweg und biegen nach links ab auf den Rundweg Haller Egge. Der Weg verläuft jetzt immer am Hang, weiterhin oft mit toller Aussicht, dabei ignorieren Sie alle Abzweige links hoch oder rechts runter. Etwas wurzelig geht es mit freier Sicht abwärts, durch zwei Koppeln hindurch und geradeaus weiter bis zum Holzplatz ❹. Hier folgen Sie dem Hauptweg durch die Linkskurve, ignorieren einen ersten Abzweig nach rechts, biegen erst auf den breiten Schotterweg nach rechts ab und dann am ersten Abzweig nach rechts, der Sie über die Brücke zurück zur Straße bringt ❸.

Schmetterlingsparadies in den Freiflächen

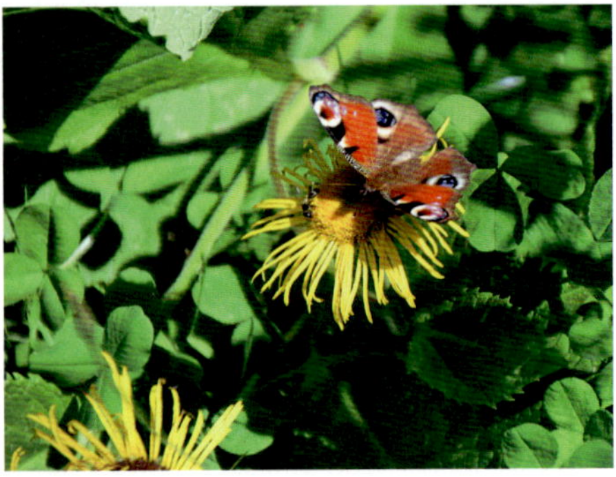

Sie gehen auf der Straße nach rechts, jetzt beschildert „Barenbergrunde", und biegen beim nächsten Abzweig schräg links ab. An einer Schranke vorbei folgen Sie immer dem breiten Hauptweg. Anfangs entlang freigeschlagener Bereiche, dann durch Wald erreichen Sie die Felder mit Blick auf Borgholzhausen und die Johannisegge dahinter.

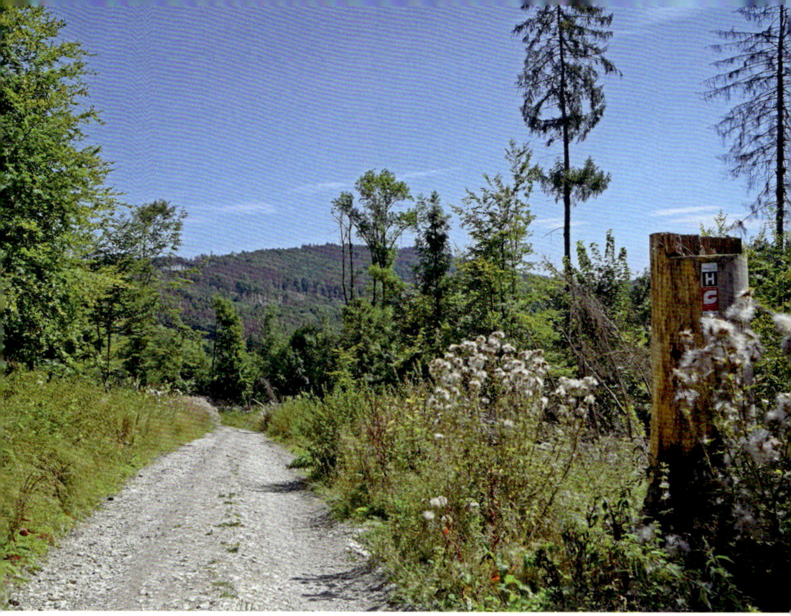

Unterwegs mit Blick auf die Große Egge

An einer T-Kreuzung vor einem Feld biegen Sie rechts ab und bei der nächsten Möglichkeit links. Weiter zwischen Feldern und Wald kommen Sie zu einer Bank ❻ mit schöner Aussicht – wenn nicht gerade der Mais hoch steht. An der folgenden Kreuzung mit einem eingezäunten Brunnen der Trinkwasserversorgung wartet ebenfalls eine Bank. Hier wandern Sie geradeaus weiter und an der Verzweigung bei einem Haus schräg links.

Noch einmal laufen Sie aufwärts bis zu einem weiteren Gebäude der Wasserversorgung, wo Sie schräg rechts abbiegen. Wenig später führt ein Pfad beim Schild „Clever Schlucht" nach links. Als Erlebniswald für Kinder bietet das kleine Tal mit einigen Felswänden viel Platz und Holz für Spielideen und Hügel zum Hochlaufen und Runterrutschen ❼.

Wo der Pfad durch die kleine Schlucht an einem Verbotsschild endet, geht es nach rechts wieder auf den Hauptweg und dort links weiter.

An der nächsten Kreuzung wandern Sie schräg rechts auf Asphalt abwärts durch eine kleine Ansiedlung, bis Sie bei ❶ auf den beschilderten Weg zur Burg Ravensberg stoßen. Hier wenden Sie sich rechts aufwärts, bis Sie auf den Zuweg zur Burg und kommen und nach rechts wieder zum Parkplatz zurückgehen.

23 Schwedenschanze und Leberblümchen

Tour für alle, die sich für botanische Raritäten begeistern

Auch kurze Touren im Teutoburger Wald können vielfältig und abwechslungsreich sein! Hier erleben Sie die seltene Wacholderheide und im Frühjahr die hellblauen Leberblümchen.

Alter Buchenwald wird Ihnen Schatten spenden, während Sie entlang von Wiesen und Feldern von der Sonne verwöhnt werden. Und wie so oft im Teuto faszinieren die magischen Ausblicke ins weite Umland!

Start/Ziel: Wanderparkplatz bei der Gaststätte Friedrichshöhe, Kaistraße 48, 33803 Steinhagen, GPS N 52°2.016' E 008°24.983'

7,5 km

2 Std. 15 Min.

210 m/210 m

145-306 m

Bergweltenweg, drei stilisierte Pappeln

Forstwege und Pfade

Gaststätte Friedrichshöhe (an Start/Ziel), Berghütte zur Schwedenschanze (km 3,5),

Wacholderheide (km 2,9), Schwedenschanze (km 3,5), bei km 5,7 und km 7,1

gut geeignet, genug Abwechslung

ungeeignet

sehr pfotenfreundliche Wege, viel Schatten, Wasser nur am Juckemühlenbach nach 2/3 der Strecke, Freilauf möglich außer im Bereich des Jakobsberges

Parkplatz an Start/Ziel

Steinhagen-Amshausen, Haltestelle „Vierschlingen", Linien 68 von Steinhagen und 88 von Bielefeld nach Halle, etwa stündlich, entlang der Straße nach Osten und nächste links (Kaistraße), dort am Waldrand links hoch und Beschreibung folgen

An der Scheune der Gaststätte entlang starten Sie in die Felder Richtung „Schwedenschanze".

Gaststätte Friedrichshöhe, Das Rock'n Blues Rasthouse, Kaistraße 48, 33803 Steinhagen, ☏ 052 04/92 91 94, Mi ab 17:00, Do/Fr/So ab 16:00, Sa ab 14:00, mit Biergarten im Schatten alter Bäume

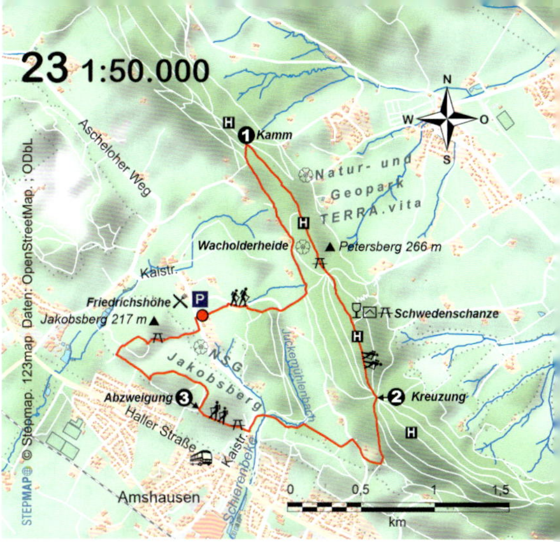

An einem Anwesen treffen Sie auf ein Sträßchen, gehen nach rechts und nach 100 m auf einen beschilderten Pfad rechts hoch in den Wald. Sie halten sich zweimal links, treffen wieder auf die Straße und überqueren Sie geradeaus auf den Schotterweg, der zwischen Weideflächen bergan führt. Bei der ersten Verzweigung geht es geradeaus weiter, am Waldrand biegen Sie links ab. Mit schöner Aussicht über hügelige Felder auf die Kuppen des Teutos erreichen Sie einen Forstweg, dem Sie nach rechts folgen. Er führt als Hohlweg bergan. Einen Pfad rechts hoch ignorieren Sie, bei zwei folgenden breiten Verzweigungen wandern Sie nach rechts durch stillen Buchenmischwald. An der dritten Verzweigung ebenfalls rechts hoch erreichen Sie nach einigen Metern den Kamm ❶.

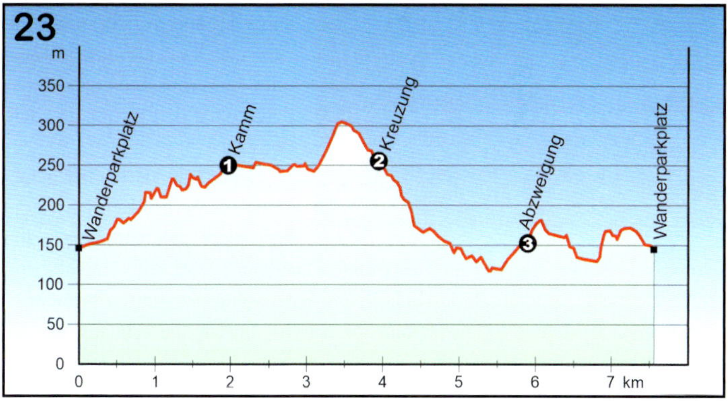

Hier biegen Sie auf den ersten Weg rechts ab, den Kammweg, beschildert als Hermannsweg und Bergweltenweg. Stetig leicht ansteigend bietet er immer wieder Aussicht ins weite Umland zu beiden Seiten. Unvermittelt erreichen Sie die Wacholderheide am Petersberg. Dort gibt es Bänke und einen überdachten Picknicktisch.

Wacholderheide

Wacholderheide

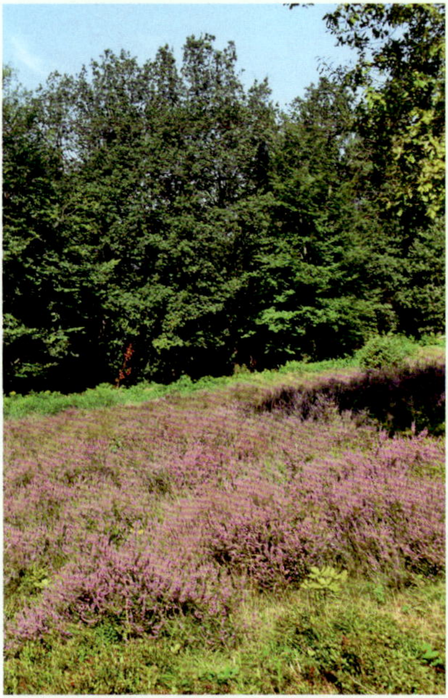

Bis ins 20. Jahrhundert wuchsen Wacholderheiden an vielen Hängen des Teutoburger Waldes. Sie hatten sich nach Abholzung für Bau- und Brennmaterial und durch den Verbiss von Schafen, Ziegen und Rindern, die zum Weiden in die sonst nicht nutzbaren Hänge des Teutos getrieben wurden, ausgebildet. Damals stachen die Schäfer einen Teil der stacheligen Pflanzen aus, sodass genug Futterpflanzen wachsen konnten. Nachdem die Wanderschäferei zurückging, wurden die Flächen entweder aufgeforstet, meist mit den schnell wachsenden Fichten, oder sie verbuschten und bewaldeten ohne den Verbiss im Laufe der Zeit.

Die Wacholderheiden bieten Lebensraum für viele Insekten, besonders Schmetterlinge, und seltene Vögel. Die „Beeren“ des Wacholders, eigentlich weibliche Zapfen, sind sehr zuckerhaltig, aromatisch und in höherer Menge giftig. Sie werden als Gewürz für deftige Gerichte und für die Herstellung von Branntwein und Schnaps verwendet. Im benachbarten Steinhagen wird der „Steinhäger“ seit dem 19. Jahrhundert als mit Wacholder aromatisierter Schnaps gebrannt, die Ursprünge liegen aber mehrere Jahrhunderte früher.

An der nächsten Kreuzung steigen Sie auf dem gerölligen Weg geradeaus hoch zur Schwedenschanze. Auf 306 m bietet die kleine Berghütte Bänke, Picknicktische und eine weite Aussicht durch Schneisen im Wald.

Berghütte zur Schwedenschanze, Kammweg, 33619 Bielefeld,
Sa/So/Feiertag 10:00-17:00, Suppen, Würstchen, Kuchen

Weiter wandern Sie auf dem Kammweg durch schönen Buchenwald geradeaus und an Abzweigen vorbei bis zur folgenden, beschilderten Kreuzung ❷. Hier biegen Sie auf den ersten Weg rechts runter ab und halten sich an der nächsten Verzweigung rechts.

Sie gehen oberhalb eines Hauses vorbei und biegen zweimal rechts ab. Auf dem folgenden Sträßchen gehen Sie nach rechts und bei der nächsten Möglichkeit links zwischen Feldern abwärts. Am Waldrand folgen Sie dem Fahrweg durch die Rechtskehre und wandern jetzt im Schatten hoher Bäume. An er nächsten Verzweigung links spazieren Sie oberhalb des kleinen Jückemühlenbaches entlang. Einen Abzweig nach rechts ignorieren Sie und gehen geradeaus zur Straße.

Blick von der Schwedenschanze nach Norden

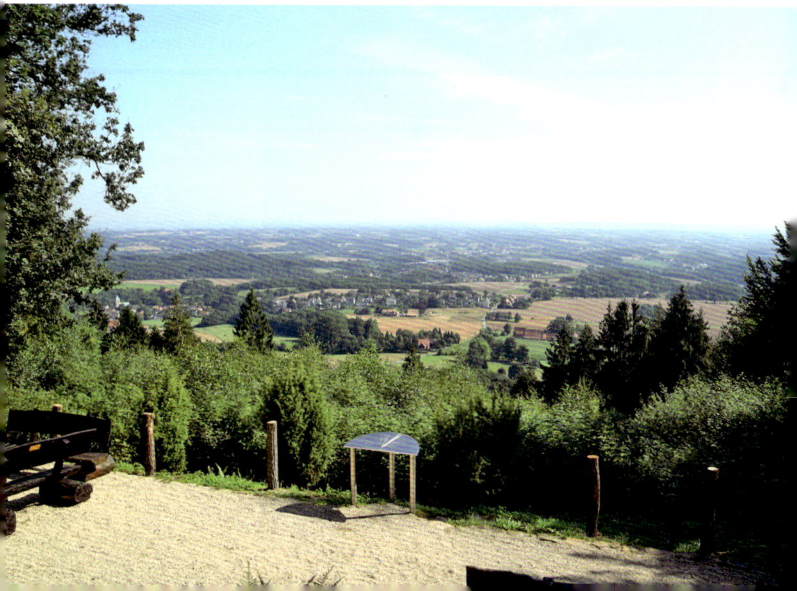

Hier gehen Sie nach links und biegen beim nächsten Abzweig rechts ab zum Wald. Jetzt wandern Sie auf einem Fußweg am und im Waldrand, meist mit weiter Aussicht nach Südwesten. Vorbei an einer Picknickbank kommen Sie zu einer Abzweigung ❸, an der Sie rechts zu den Leberblümchenbeständen abbiegen. An der nächsten Verzweigung halten Sie sich links. Bei Waschbetonplatten führt der Weg rechts weiter, nach links ist eine Sackgasse ins Gebiet der Leberblümchen gelegt. Automatisch führt der Pfad zurück auf den Weg am Waldrand, auf dem Sie rechts weitergehen.

Leberblümchen sind absolute Frühblüher und bedecken im März/April den Waldboden mit kleinen, himmelblauen Blüten. Sie haben 6-9 kreisrund angeordnete Blütenblätter und Blätter, die in der Form dem Klee ähneln. Sie wachsen nur an wenigen Standorte in Deutschland, gelten als besonders gefährdet und dürfen nicht gepflückt oder ausgegraben werden.

Am Jakobsberg

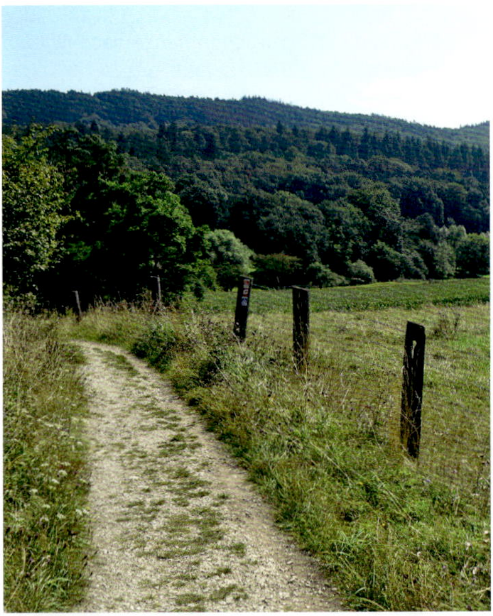

An einer T-Kreuzung vor einem Feld wandern Sie nach rechts hoch in den Wald und gehen geradeaus weiter bis zum nördlichen Waldrand. Hier biegen Sie rechts ab auf einen Pfad, der vor einem Gatter nach links in einen Fahrweg zwischen Bergwiesen übergeht. Oben beschreibt er eine Rechtskehre, führt an einem Aussichtsplatz mit Bänken vorbei und um die Kuppe des Jakobsberges herum. Dann geht es durch Almlandschaft mit Blick auf die Schwedenschanze zu Gaststätte und dem Parkplatz links.

24 Hünenburg und Jostbergkloster

Tour für von abwechslungsreichen Runden Begeisterte

Der alte Buchenmischwald rund um den Gipfel Hünenburg bietet die Umgebung für diese Wanderung. Dabei entdecken Sie Zeugnisse von Leben und Arbeit früherer Generationen mit einem Steinbruch und der Klosterruine. Vom Namensgeber der Kuppe Hünenburg, einer mächtigen Ringwallanlage, ist dagegen nicht mehr viel zu sehen. Dafür überzeugen Waldeinsamkeit und schöne Pfade.

Start/Ziel: Wanderparkplatz rechts hinter Zweischlingen Gastro, Osnabrücker Straße 200, 33649 Bielefeld, GPS N 52°0.600' E 008°28.200'

7,9 km

2 Std. 30 Min.

200 m/200 m

180-313 m

keine einheitliche Markierung

überwiegend Forstwege, auch Pfade, überwiegend Schatten

Zweischlingen Gastro an Start/Ziel, Peter auf'm Berge (200 m ab km 1,6), Kiosk im Turm (km 2,8, nur So/Feiertage bei schönem Wetter)

Stapenhorst-Hütte (km 4,9)

Eine schöne Runde auch für Familien. Mit Kleineren: bis zur Hünenburg, dann zurück und zweimal links (Hünenburgstraße → Forstweg), in Serpentinen zur Hünenburgstraße, dort links, am Waldrand links und auf bekanntem Weg zurück (3,6 km)

ungeeignet

Gut geeignet, kein Wasser, Freilauf außerhalb des Naturschutzgebietes ist nur bis etwa zur Annäherung der Hünenburgstraße vor dem Gipfel und ab Erreichen der Straße nach der Klosterruine möglich.

P Parkplatz an Start/Ziel

Bielefeld Quelle, Haltestelle „Zweischlingen", Linie 48 von Bielefeld nach Brockhagen, Mo-Fr 8 Stopps, Sa 2 Stopps, zur Gaststätte und davor rechts zum Parkplatz bzw. Start/Ziel

Etwa in der Mitte des Parkplatzes führt ein Pfad bergauf. Sofort biegen Sie links ab auf einen nach Regen matschigen Pfad. Er führt durch den Wald, dann zwischen Waldrand und Fichtenschonung entlang. Anschließend überqueren Sie ein Sträßchen geradeaus Richtung „Peter auf'm Berge".

Bei der nächsten Verzweigung gehen Sie rechts auf Weg „4" und bleiben auf dem Hauptweg. Der Pfad führt geröllig bergan und in den Buchenwald. Oberhalb eines Gehöfts halten Sie sich rechts Richtung „Peter auf'm Berg". Nach einem kurzen steileren Wegstück halten Sie sich schräg links und erreichen eine Verzweigung an einer Schranke. Hier führt die Wanderung an der Schranke vorbei geradeaus weiter, aber zuerst können Sie einen Abstecher in den ehemaligen Steinbruch hinter der Schranke machen, dessen hohe Felswände sich hinter dichtem Grün verstecken.

Wieder zurück geht es nach rechts weiter hoch zum Kamm ❶.

200 m nach links liegt eine Einkehrgelegenheit.

Wald-Hotel Peter auf'm Berge, Bergstraße 45, 33619 Bielefeld, ☏ 05 21/91 12 60, Mo-So 11:00-23:00, Restaurant mit Terrasse

Hier treffen Sie auf den Hermannsweg, der Sie nach rechts immer auf dem Kamm durch schattige und offene Bereiche zur Hünenburg führt. Sie überqueren die Hünenburgstraße und gehen die letzten 100 m zum eingezäunten Gelände und dem Zugang zum Aussichtsturm auf Asphalt. Aussicht hat man von hier nur, wenn der Turm geöffnet ist.

Im Steinbruch

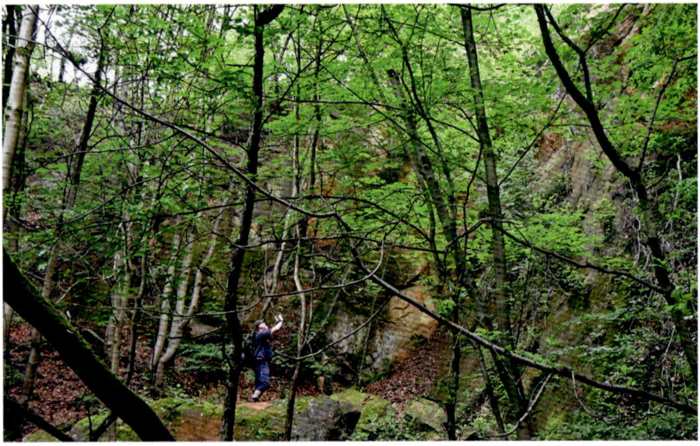

☹ Der Aussichtsturm kann nur zu Öffnungszeiten des Kiosks bestiegen werden (So/Feiertag bei schönem Wetter)

🍷 **Kiosk im Turm**, bewirtschaftet vom Heimatverein Quelle, 🚪 So/Feiertage bei schönem Wetter

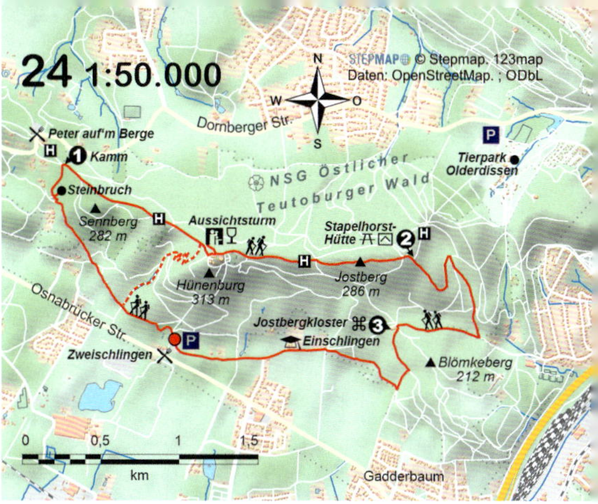

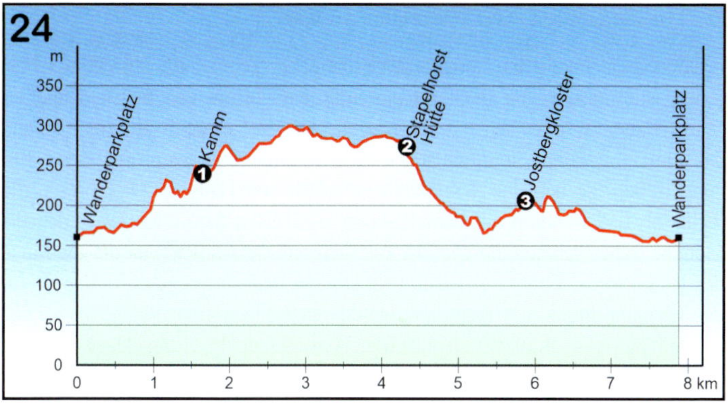

Die Hünenburg wurde etwa 200 v. Chr. als Fliehburg mit Wallanlagen von 300-400 m Durchmesser gebaut. Heute ist von der ehemals mächtigen Anlage nur noch wenig zu erkennen. Auf der Bergkuppe gleichen Namens wurden zwei Fernmeldetürme errichtet, deren älterer heute als Aussichtsturm dient.

Zurück gehen Sie zur Straße und dort rechts und an einem Häuschen links vorbei, beschildert „Hermannsweg". Zwei Wegekreuzungen überqueren Sie geradeaus, dann biegen Sie an der nächsten großen Kreuzung auf den zweiten Weg nach rechts und erreichen die Stapelhorst-Hütte ❷ mit Picknickbank.

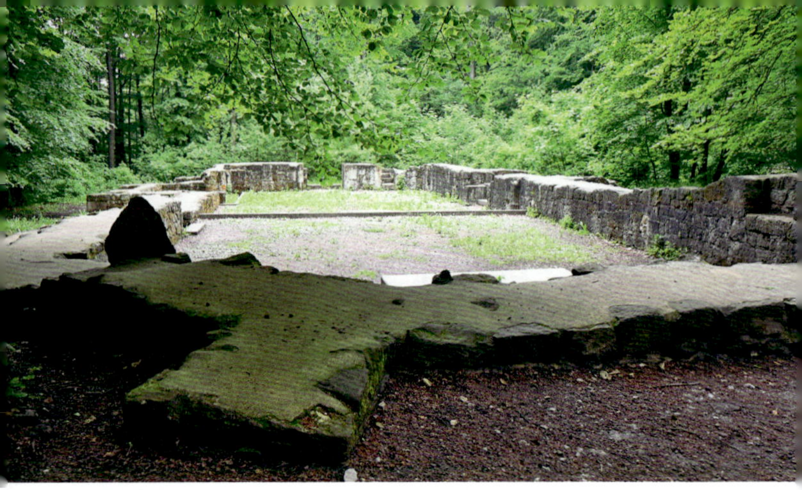

Die Ruine des Jostbergklosters mitten im Wald

Jetzt verlassen Sie den Hermannsweg und gehen geradeaus auf breitem Schotterweg steil abwärts mit Blick auf die südlichen Vororte von Bielefeld und ins Münsterland. An der nächsten Verzweigung biegen Sie rechts ab, anschließend links. Im Tal wandern Sie durch stillen Wald abwärts. Geradeaus über eine Kreuzung treffen Sie auf eine T-Kreuzung oberhalb von Häusern. Hier biegen Sie rechts ab und wandern auf dem teilweise von Felsen flankierten Weg, den die Mönche früher nahmen, bergauf bis zur nächsten Kreuzung ❸, an der die Ruine des Jostbergklosters links oberhalb liegt.Um die Wallfahrten zu einer Kapelle für den Eremiten Jodokus zu betreuen, wurde den Franziskanern 1502 dieser Platz für den Bau eines Klosters zugewiesen. Weil es jedoch zu abgelegen war und Wasser fehlte, siedelten sie wenige Jahre später nach Bielefeld um. Erhalten sind heute die Grundmauern der spätgotischen Klosterkirche.

Weiter führt die Wanderung an der linken Seite der Ruine vorbei. Nach Regen ist der Weg matschig. Es geht abwärts und an der ersten Verzweigung rechts. Am Waldrand biegen Sie wieder nach rechts ab und folgen dem Hauptpfad in Nähe des Waldrandes und ignorieren dabei alle schmaleren Abzweige nach links. Sie treffen auf Schotter, gehen rechts und sofort links vorbei an der Bildungsstätte Einschlingen. Ab jetzt wandern Sie immer geradeaus im Wechsel auf Schotter und Asphalt an einer Siedlung vorbei und durch den Wald bis zur Parkplatzzufahrt.

✕ **Zweischlingen Gastro**, Osnabrücker Str. 200, 33649 Bielefeld, ☏ 05 21/404 20 59, Mo-Fr ab 17:00, Sa/So ab 15:00, mit Biergarten

25 Tönsberg und Senne bei Oerlinghausen

Tour für Landschafts- und Aussichtsinteressierte

Sehr abwechslungsreich präsentiert sich diese Runde! Mit Heide und bewaldeten Höhen erleben Sie verschiedene Vegetationstypen des Teutos. Großartige Weitsicht bieten Hünenkapelle und Kumsttonne. Der „Kleine Amazonas" präsentiert sich als idealer Wasserspielplatz, ein besonderes Highlight für Kinder. Ruhige Wege durch stillen, urwüchsigen Wald verbinden diese Stationen.

Start/Ziel: Wanderparkplatz Am Kalkofen, Am Kalkofen, 33813 Oerlinghausen, GPS N 51°56.883' E 008°39.650'

10 km

3 Std.

280 m/280 m

180-320 m

keine einheitliche Markierung

Forst- und Fahrwege, kurze Etappen auf Pfaden, kaum Asphalt

Berggasthof Tönsberg (km 8), weitere Restaurants in Oerlinghausen, Kiosk im Freilichtmuseum (km 9,5)

Blick auf die Heide (km 1,2), Kumsttonne (km 7,7)

Eine spannende Wanderung mit viel Abwechslung für Größere. Mit Kleinen: am „Kleinen Amazonas" nicht zurück, sondern dem Forstweg folgen, Verzweigung links, am Straßenende auf Pfad geradeaus und anschließend rechts halten, Weg führt durch den Wald hinter Gärten entlang, immer geradeaus bis zur Straße, dort links, nach Linkskehre erster Abzweig rechts zum Parkplatz (5,7 km)

ungeeignet

pfotenfreundliche Wege, Wasser am „Kleinen Amazonas", Freilauf möglich

Parkplatz an Start/Ziel

Oerlinghausen, Haltestelle „Bürgerhaus", mehrere Linien mit regelmäßigen Fahrten ab Oerlinghausen Bahnhof, Hauptstraße nach Osten folgen, hinter Altdeutschen Bierstuben rechts und in Straßenkehre geradeaus, an nächster Straße leicht links versetzt über Stufen hoch zur Kumsttonne

Die östliche Kuppe des Tönsberges war für Menschen seit Jahrtausenden von Bedeutung. Deutlich sichtbar sind die Wälle einer mächtigen Ringwallanlage, die als Fliehburg etwa 400 v. Chr. von Germanen gebaut wurde.

Sie wurde wahrscheinlich über viele Jahrhunderte genutzt, bis etwa 850 n. Chr. Am Südhang wurden Terrassen mit Feuerstellen und Häuserresten gefunden, wahrscheinliche Reste einer zugehörigen Siedlung. Im südwestlichen Bereich der ehemaligen Wallburg befindet sich die Sachsenquelle, ein Zufluss zum Schnatbach, die bis nach dem Zweiten Weltkrieg der Wasserversorgung diente.

Die Hünenkapelle aus dem Mittelalter war dem heiligen Antonius geweiht. Bereits im 16. Jahrhundert verfiel sie und wurde als Steinbruch genutzt, im 19. Jahrhundert wurde ein Teil der Mauern wieder aufgebaut.

An der Straße parallel zum Parkplatz starten Sie nach links und an der Verzweigung ebenfalls links. Dahinter biegt ein breiter Wanderweg, markiert als „A8", links ab. Er führt hoch zu Aussichtsstellen in das Naturschutzgebiet Steinbruch am Barkhauser Berg. Weiter geradeaus wandern Sie am Waldrand entlang mit schöner Aussicht über die Wistinghauser Senne und den großen Segelflugplatz. Dann erreichen Sie einen großen Picknick- und Aussichtsplatz mit Relaxliege ❶.

Sie biegen rechts ab, wandern in Richtung Sandgrube und überqueren die Zufahrt. Dann geht es aufwärts und oben an der T-Kreuzung links. Durch Nadelmischwald mit Heidelbeeren als Unterwuchs wandern Sie geradeaus bis zu einer Picknickbank, hier biegen Sie rechts ab. Jetzt wandern Sie entlang einer der wilden Weideflächen der Schottischen Hochlandrinder und Exmoor-Ponys, die die Landschaft der Senne durch extensive Beweidung offen halten sollen. Indem Sie dreimal links abbiegen, umrunden Sie die Koppel.

Beim nächsten Pfad nach rechts biegen Sie ab und gehen aufwärts durch moosigen Wald. Wieder auf einem Forstweg angekommen biegen Sie nach rechts ab und bei der folgenden Kreuzung links. Jetzt ignorieren Sie alle Abzweige bis zur nächsten Kreuzung. Hier unternehmen Sie einen Abstecher nach links zum Schnatbach ❷, der hier über ein Sandbett durch urwüchsigen Wald fließt und „Kleiner Amazonas" genannt wird.

Zurück an der Kreuzung am Hauptweg geht es nach links weiter, durch eine Rechtskehre und hoch bis zur nächsten großen Kreuzung. Hier gehen Sie links kurz steil hoch und wählen den zweiten Weg nach links hinter der Infotafel, den Hermannsweg. Beim nächsten Abzweig biegen Sie beschildert nach rechts zur Hünenkapelle ab. Sie laufen ein Stück um die Kuppe herum, bis ein Trampelpfad links hochführt und Sie über die alten Wälle der Fliehburg zur Kapelle leitet ❸. Hier können Sie die großartige Aussicht über die Kuppen des östlichen Teutos genießen.

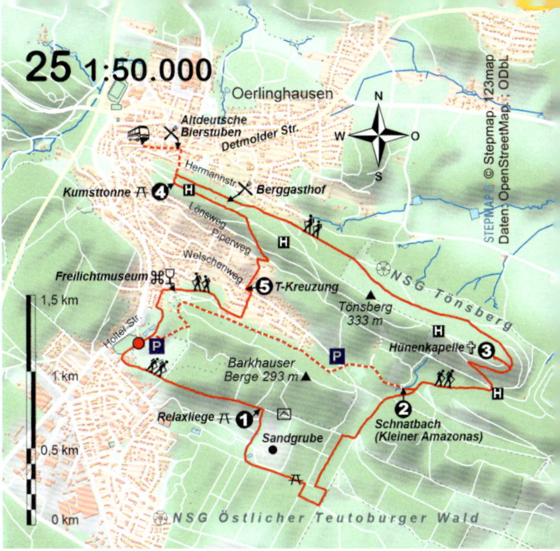

Sie wandern auf dem schmalen Pfad zurück und biegen auf dem Hauptweg A5 nach links ab. Jetzt bleiben Sie immer auf dem Forstweg am recht steilen Hang, teils durch vermoosten, niedrigen Wald, dann durch hohen farnbestandenen Buchenwald. Schließlich sehen Sie die Dächer von Oerlinghausen und spazieren hinter den Gärten entlang.

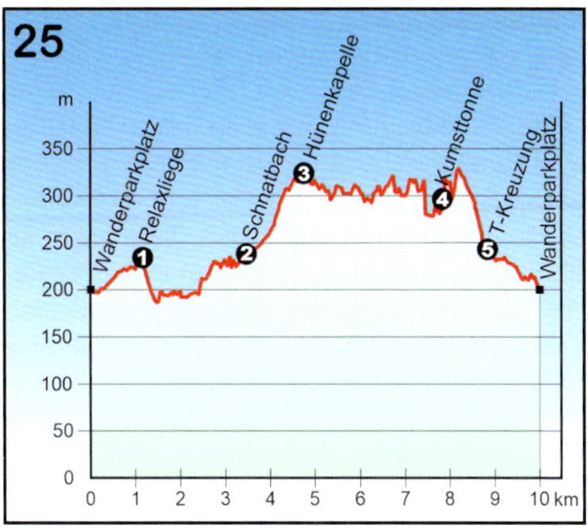

Bei einer breiten Verzweigung schräg links Richtung „Berggasthof" biegen Sie ab und nach wenigen Metern gehen Sie rechts auf den Philosophenweg. Er führt durch den Wald am Hang entlang bis zu den breiten Steinstufen der Himmelsleiter. Diese bringen Sie nach links hoch zur Kumsttonne ❹, dem Stumpf einer Windmühle von 1753 und Wahrzeichen von Oerlinghausen. Auf Asphalt gehen Sie nach links, vorbei am Picknickplatz mit Aussicht und am Berggasthof.

✕ **Berggasthof Tönsberg**, Kammweg 7, 33813 Oerlinghausen, ☏ 052 02/25 08, aktuell nur Biergarten Sa/So 14:00-18:00, Änderungen nach Coronakrise

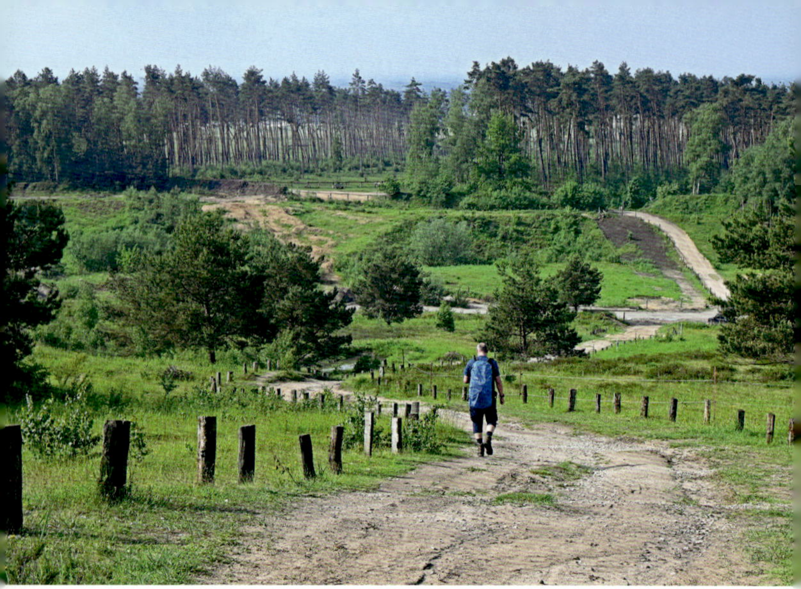

Wanderer in der Wistinghauser Senne

Beim nächsten Abzweig, markiert mit „A7/X10", wandern Sie auf einem Pfad rechts abwärts und gehen am Hang geradeaus abwärts bis zur Straße. Dort biegen Sie rechts ab. Der nächste Pfad nach links vor einem Zaun in den Wald führt Sie hinunter zum Ende einer Straße. Dieser folgen Sie zur nächsten T-Kreuzung ❺. Hier links und nächste rechts wandern Sie am Ende auf dem Forstweg geradeaus weiter. Er leitet aus dem Wohngebiet heraus und um das kleine Tal herum. Am Waldrand halten Sie sich schräg rechts und auf Asphalt wieder rechts. Das Sträßchen führt zum Freilichtmuseum.

⌘ **Archäologisches Freilichtmuseum Oerlinghausen**, Am Barkhauser Berg 2-6, 33813 Oerlinghausen, ☏ 052 02/22 20, April-September Mo-Fr 9:00-18:00, Sa/So/Feiertag 10:00-18:00, Oktober Mo-Fr bis 16:00, Sa/So/Feiertag bis 17:00, € 5, Ermäßigt € 4, Familie € 12. Es werden sehr anschaulich Wohnformen vom Sommerlager eiszeitlicher Rentierjäger bis zur frühmittelalterlichen Hofanlage präsentiert.

🍷 Kiosk im Freilichtmuseum

An der T-Kreuzung biegen Sie links ab und am Ende der Straße gehen Sie links auf den Fußweg Am Kalkofen, der Sie zum Parkplatz bringt.

26 Donoper Teich

Tour für Fans von Wasser und Wald

Im beliebten Naturschutzgebiet Donoper Teich und Hiddeser Bent entdecken Sie die namensgebenden und oft besuchten Highlights. Dann aber wandern Sie weit abseits der Touristinnen und Touristen durch die Wälder des Teutos und zu einer im Felsrund entspringenden Quelle. Neben dieser landschaftlichen Schönheit können Sie durch die ausführlichen Informationen des KlimaErlebnis-Wanderführers interessante Einblicke in dieses aktuelle Thema gewinnen.

Start/Ziel: Parkplatz Donoper Teich, Stoddartstraße zwischen Pivitsheide und Hiddesen, GPS N 51°55.650‘ E 008°48.216‘

10,8 km

3 Std.

235 m/235 m

170-300 m

KlimaErlebnisRoute, kleines, rotes „k“ mit drei kurzen Strichen darüber, bis auf den Abstecher durch die Dörenschlucht

oft breite Forstwege, aber auch Pfade, überwiegend Schatten

Hotel-Restaurant Forstfrieden (km 10,7)

Picknickbank beim Parkplatz am Krebsteich (km 2,8), Rethlager Quellen (km 7,7)

Freibad Fischerteich (km 8,8)

Vorschlag mit Kindern: Am Krebsteich führt ein Weg beschildert und parallel zum Hasselbach zurück zum Donoper Teich (gesamt 3,6 km).
Hier befindet sich vor der Brücke des Hasselbaches eine toller Wasser-Abenteuer-Spielmöglichkeit für Kinder nach rechts (vom Parkplatz kommend nach der Brücke links).

ungeeignet

pfotenfreundliche Wege, Wasser bei den Teichen und der Quelle, Freilauf außerhalb des Naturschutzgebietes in der Umgebung von Donoper und Krebsteich und Hiddeser Bent möglich

Parkplatz an Start/Ziel, Parkplatz am Krebsteich, GPS N 51°55.266‘ E 008°48.733‘

Detmold-Pivitsheide, Haltestelle „VL Sandstraße“, Linie 701 etwa halbstündlich von Detmold Bf, Straße Richtung Wald folgen, in der Rechtskehre links abbiegen Richtung Freibad, nächste Linkskehre geradeaus am Freibad vorbei, an der Verzweigung links und Beschreibung folgen

☺ Die ausführlichen Infos zum Klimaweg lassen sich als PDF bei der Suche nach „KlimaErlebnisWanderfuehrer Hiddeser Bent“ herunterladen.

Die Wanderung startet an der großen Infotafel. Auf breitem Forstweg geht es am Donoper Teich entlang, dann über die Brücke über den Hasselbach und an der folgenden T-Kreuzung nach links.

Der Teich wurde Anfang des 17. Jahrhunderts für die Fischzucht aufgestaut und ist ein beliebtes Ausflugsziel.

Am Ende des Donoper Teiches führt nach Überquerung des Hasselbaches ein Pfad nach links. Er verläuft parallel zum beschriebenen Hauptweg am Bach entlang und zur Eisenquelle.

Sie folgen dem Hauptweg und biegen nach der zweiten Wiese rechts ab. Durch eine Allee geht es aufwärts. Oben biegen Sie rechts ab. An der Verzweigung zwischen zwei Wiesen halten Sie sich links und gehen auf einen sandigen Pfad, der sich durch den Wald schlängelt. Wieder treffen Sie auf die Ecke einer großen Koppel und wandern nach links. An der nächsten Verzweigung biegen Sie rechts ab und sofort wieder rechts auf einen Forstweg. Durch das Gelände des Reitvereins gehen Sie geradeaus bis zu einer T-Kreuzung mit Zaun, wo Sie rechts abbiegen. Bei der nächsten Verzweigung führt ein Abstecher nach links zum Hiddeser Bent ❶, den Resten eines ehemals viel umfangreicheren Hochmoores an den Hängen des Teutos. Umfangreiche Infotafeln erläutern Entstehen und Bedeutung.

Sie gehen wieder zurück. Weiter geht es jetzt nach links auf dem breiten Sandweg abwärts zum Krebsteich, einem Moorwasserteich mit kleinem Strandbereich und Bank, in dem früher Krebse gezüchtet wurden und der heute langsam verlandet.

Sie wandern geradeaus weiter zur Straße, wo auf dem Parkplatz eine Picknickbank wartet.

Auf der anderen Straßenseite führt ein Pfad auf Höhe der Picknickbank in den Wald. An der nächsten T-Kreuzung ❷ biegen Sie rechts ab. Der eigentliche Wanderweg verläuft als Pfad parallel zum Forstweg, ist allerding stellenweise sehr zugewachsen. An der nächsten Kreuzung wandern Sie geradeaus, jetzt aufwärts und in Straßennähe durch Heidelandschaft. Kurz führt der Weg fast zur Straße und wieder weg. Erst an der nächsten Verzweigung gehen Sie rechts runter zur Straße. Entlang dieser spazieren Sie kurz nach links, überqueren die Straße

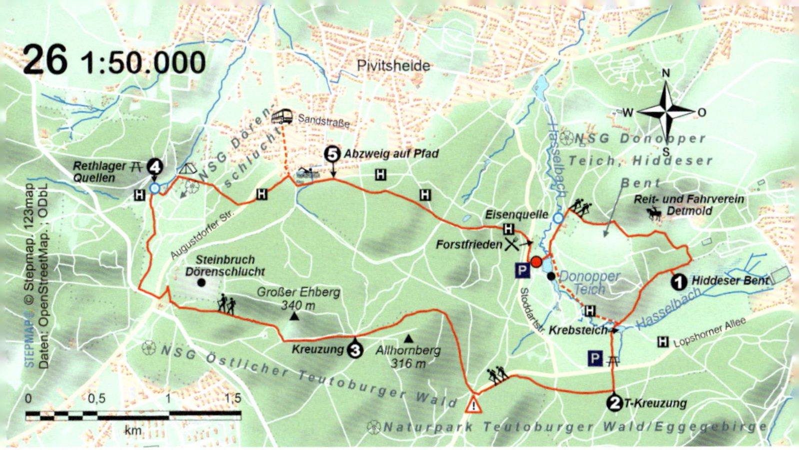

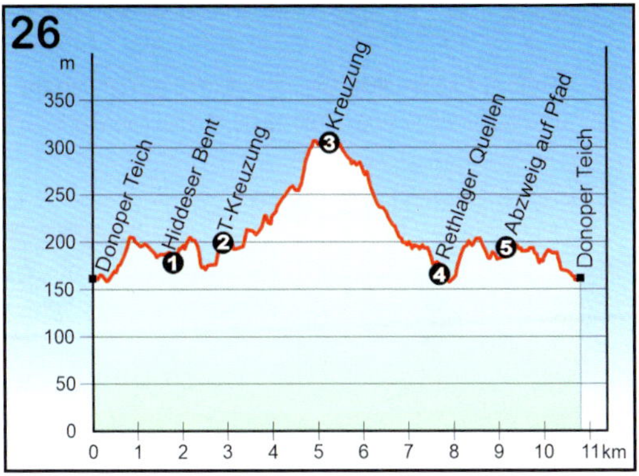

und biegen auf einen breiten Forstweg nach rechts ab. An der nächsten Kreuzung geradeaus zieht der Weg sich steinig und teilweise mit Aussicht am Hang hoch auf den Kamm zwischen Großem Ehberg und Allhornberg. Dort an der großen Kreuzung ❸ wandern Sie geradeaus und jetzt wieder abwärts. Sie ignorieren eine erste Abzweigung rechts und biegen in einer langen Linkskehre mit Aussicht nach Westen rechts ab auf einen Pfad am Hang. Der Pfad führt romantisch durch Mischwald und nachwachsende Bereiche. An der T-Kreuzung oberhalb eines Fahrweges verlassen Sie den Klimaweg, gehen hinunter zum Fahrweg, dort rechts und dann scharf links. Auf der asphaltierten Zufahrt des Steinbruchs spazieren Sie zur Augustdorfer Straße und überqueren diese geradeaus.

Noch vor der folgenden Rechtskehre biegen Sie rechts ab auf einen Forstweg ins Naturschutzgebiet Dörenschlucht. Der Weg wird zum sandigen Pfad, auf dem Sie sich zweimal links halten. Dann laufen Sie am Grund des engen Tals, in dem zuletzt viel Holz geschlagen wurde. Bei einem breiten, tiefsandigen Weg, der von rechts hinunterkommt, geht es geradeaus weiter und bei der nächsten Verzweigung rechts. Hier befindet sich links ein Hügelgrab mit Infotafel. Sie biegen beim nächsten Abzweig links beschildert ab zu den Rethlager Quellen ❹. Die Karstquellen treten in einem Felsrund aus, teilweise aus Felsspalten, teilweise aus dem kiesigen Grund. Bitte betreten Sie den direkten Quellbereich nicht, um ihn zu schützen. Bänke laden zu einer Rast an diesem schönen Ort ein.

Zurück auf dem Hauptweg führt dieser zum Campingplatz Quellental und nach rechts an diesem entlang. In der nächsten Linkskehre gehen Sie geradeaus in den Wald auf dem mit weißem „H" gekennzeichneten Hermannsweg. Die Straße überqueren Sie geradeaus, dann treffen Sie auf das Freibad Fischerteich.

Freibad Fischerteich, Am Fischerteich 5, 32758 Detmold, ☏ 052 32/83 51, Mo-So 11:00-14:00, 15:00-18:00, € 3,50, ermäßigt € 1,20, Familie € 6

Am Hang des Großen Ehbergs

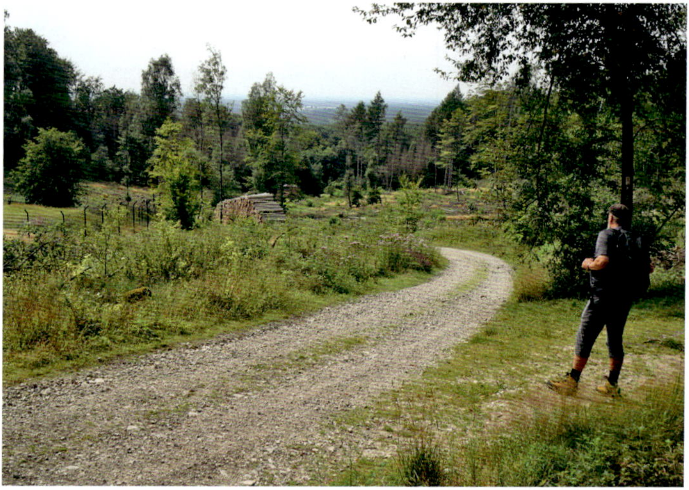

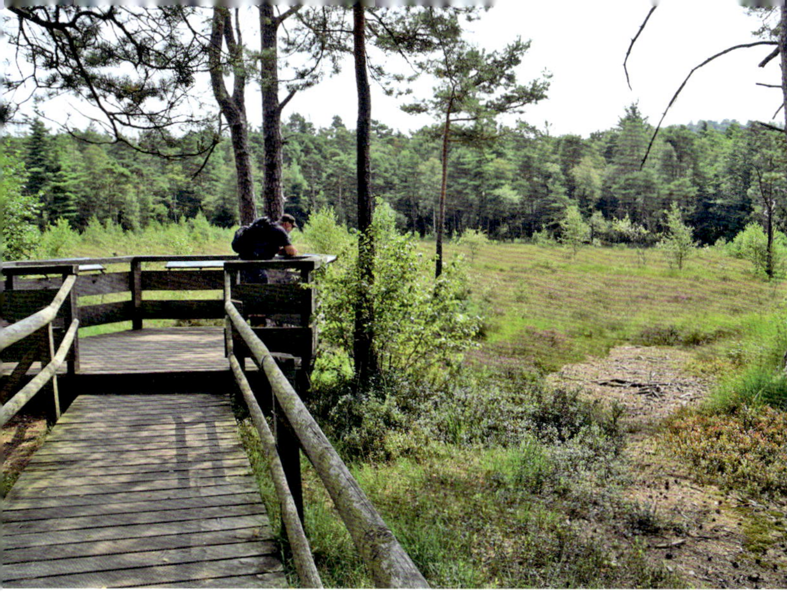

Aussichtssteg zum Hiddeser Bent

Hier biegen Sie rechts ab auf den Forstweg am Waldrand und bei der nächsten Verzweigung links, jetzt sind Sie wieder auf dem Klimaweg unterwegs. Er führt auf einer Schotterstraße hinter Gärten entlang und biegt dann auf einen Pfad schräg rechts ab ❺. Es geht aufwärts und bei der nächsten Kreuzung geradeaus. Durch nachwachsenden Wald mit vielen Büschen und Kräutern folgen Sie dem Pfad durch eine Linkskehre, tauchen ein in schattiges Grün und biegen auf dem breiten Fahrweg rechts ab. Eine Kreuzung überqueren Sie geradeaus, dann bleiben Sie immer auf dem auch als Hermannsweg beschilderten Hauptweg bis zum Restaurant Forstfrieden.

✕ **Hotel-Restaurant Forstfrieden**, Stoddartstraße 336, 32760 Detmold,
☏ 052 31/303 20 88, Di-Fr ab 17:30, Sa/So/Feiertag ab 11:00, klassische Küche

Hier führt auf der gegenüberliegenden Straßenseite ein Fußweg nach rechts zum Parkplatz.

27 Senne

Tour für Fans von Ems und Senne

Als Sickerquelle beginnt die Ems, der längste Fluss, der nur innerhalb Deutschlands verläuft, ihren Lauf in der Senne. Kaum sichtbar tritt sie an viele Stellen aus dem sandigen Grund und entwickelt sich doch innerhalb kürzester Zeit zu einem richtigen Bach. Begleiten Sie die junge Ems von ihrer Quelle für gute 2 km, erleben Sie sie in sandigem Bett, tief eingeschnitten im Wald und als Wiesenbach! Genießen Sie die ausgedehnten, hohen Kiefernwälder, am Boden leuchtend grün vom Laub der Heidelbeeren, geschützte Heidegebieten und ein kleines Stück der typischen Sanddünenlandschaft! Dabei werden Sie immer wieder die Touristenmengen hinter sich lassen und auf einsamen Pfaden unterwegs sein.

Start/Ziel: Wanderparkplatz Emsquellen, Jägergrund, 33758 Schloß Holte-Stukenbrock, GPS N 51°52.116‘ E 008°41.533‘

12,5 km

3 Std.

25 m/25 m

120-135 m

keine einheitliche Markierung

Forstwege und Pfade, einzelne Gebiete sind von vielen kleinen Pfaden durchzogen, das kann die Wegfindung erschweren.

Gartencafé Emsquellen (km 2,7 und über kurzen Abstecher ab km 7,3)

vor der Emsquelle (km 1,5), Moosheide (km 6,4), an der Ems (km 7,8)

Abkürzung für Kinder (4,6 km): Wegbeschreibung folgen bis zur Querstraße nach dem Gartencafé, dort auf der wenig befahrenen Straße rechts und an der Weide der Senner Pferde vorbei, an der nächsten Kreuzung 5 rechts und Wegbeschreibung folgen

ungeeignet

gut geeignet, viele Naturwege, Wasser an Ems und Krollbach, bitte anleinen

Parkplatz an Start/Ziel, Parkplatz Emsquelle am Gartencafé, GPS N 51°51.266‘ E 008°41.366‘, Parkplatz Am Krollbach, GPS N 51°50.300‘ E 008°41.400‘

Stukenbrock, Haltestelle „Forellkrug“, Linie 84.1 ab Schloß Holte Bahnhof etwa stündlich, an der Ems-Erlebniswelt vorbeigehen und Nächste rechts in den Barbaraweg, am Ende geradeaus auf Fußweg und hinter den Häusern links zu Parkplatz bzw. Start/Ziel

☹ Heidelbeeren sollten wegen der möglichen Übertragung des Fuchsbandwurmes nicht ungewaschen gegessen werden.

Die Senne erstreckt sich auf etwa 250 km² zu Füßen des Teutoburger Waldes zwischen Bielefeld und Paderborn. Gletscher haben hier eine zum Teuto langsam ansteigende Dünenlandschaft erzeugt, die heute Heidegebiete, Trockenwälder, die Quelle der Ems und Dünenflächen aufweist. Knapp die Hälfte der Fläche wird als Truppenübungsplatz genutzt.

Das Naturschutzgebiet Moosheide liegt am westlichen Rand des Truppenübungsplatzes Senne und wurde ab 1974 unter Schutz gestellt. Neben dem Erhalt der Heidelandschaft bietet es Lebensraum für fast 100 Vogelarten, von denen über ein Drittel gefährdet sind.

Die Wanderung startet am Ende des Parkplatzes geradeaus über die Wiese zur parallel verlaufenden Straße und dort rechts. Vorbei an der Kriegsgräberstätte überqueren Sie zwei Kreuzungen geradeaus, gehen am breiten Querweg nach links und folgen ihm durch eine Rechtskurve. Direkt an der Grenze des Truppenübungsplatzes wandern Sie an einem Abzweig vorbei und bei einer Rechtskehre geradeaus weiter und kommen zu einer großen Picknickbank ❶.

Stege im Quellbereich der Ems

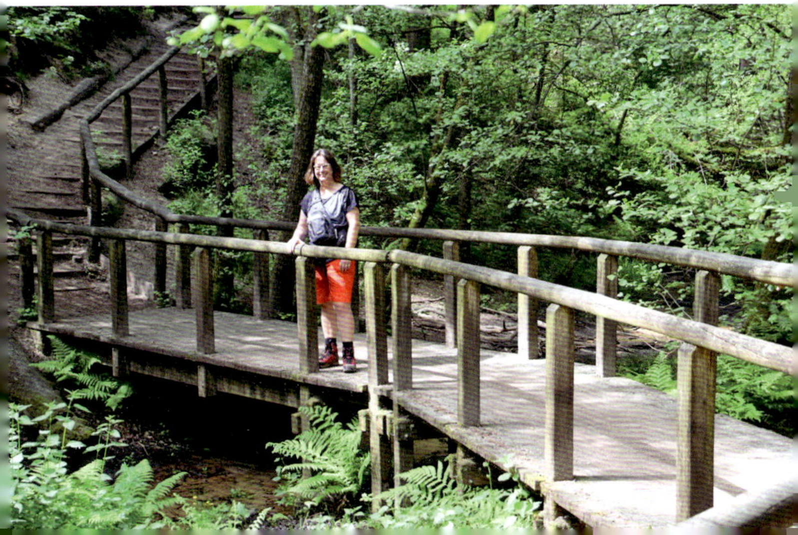

Danach, noch vor der Aussichtsterrasse, führen Stufen recht abwärts. Stege leiten über den sumpfigen Quellbereich der Ems, die hier aus dem sandigen Boden tritt und sich erstaunlich schnell zu einem richtigen Bach entwickelt.

Hinter der nächsten Brücke führen Holzstufen wieder aufwärts, danach wandern Sie rechts am Zaun entlang. Jetzt bleiben Sie immer auf dem Pfad am Zaun, ignorieren eine markierte Kreuzung und treffen auf einen Fahrweg, der nach rechts zu einer Emsbrücke führt. Hinter der Brücke bildet die noch ganz junge Ems einen großen, sandigen Bereich, ein toller Plansch- und Spielplatz für Kinder.

Der Fahrweg führt hoch zu einem Sträßchen, dem Sie nach links folgen. Vorbei an Parkplatz, Gartencafé und Infohäuschen treffen Sie auf eine wenig befahrene Straße, auf die Sie links abbiegen.

☕ **Gartencafé Emsquellen**, Emser Kirchweg, 33161 Hövelhof, ☏ 052 57/46 96, So ab 11:00

Nach der Emsbrücke ❷ wählen Sie den Pfad, der links aufwärtsführt. Am ersten Abzweig halten Sie sich geradeaus, dann folgen Sie vor einem kleinen Einschnitt dem Hauptpfad durch eine Rechtskurve. Jetzt wandern Sie durch für die Senne typische Vegetation, einen lichten Kiefernwald mit einem dichten Teppich aus Heidelbeeren. Bei einer offenen Heidefläche treffen Sie auf eine Wegekreuzung und laufen in die gleiche Richtung weiter, leicht links versetzt auf einem breiten, sandigen Weg. Weiter geht es geradeaus an einem Abzweig vorbei, dann an einer offenen Heidefläche entlang und wieder in den Wald. Der Weg wird zum Pfad, der sich unter hohen Kiefern durch die Heidelbeeren schlängelt und eine lange Linkskehre beschreibt.

Er trifft auf einen Fahrweg, dem Sie nach links folgen. Sie bleiben auf dem Hauptweg, der schmaler wird, und wandern durch eine farnbestandene Sumpfwiese. Dann wählen Sie bei einer Verzweigung den breiteren Weg nach rechts, der über Stege durch die moosige Wiese des Hallerbachs führt. An einer Kreuzung mit Bank geht es geradeaus weiter, an der nächsten T-Kreuzung ❸ biegen Sie rechts ab. Ab jetzt ist die A33 für eine Weile zu hören.

An der ersten Kreuzung gehen Sie geradeaus, dann erreichen Sie einen Querweg, der links zur Brücke über den Krollbach und Parkplatz führt und an dem Sie nach rechts abbiegen. Sie wandern über eine kleine Kuppe im Wald und gehen an einer deutlichen T-Kreuzung nach rechts und an der nächsten Wegekreuzung nach links.

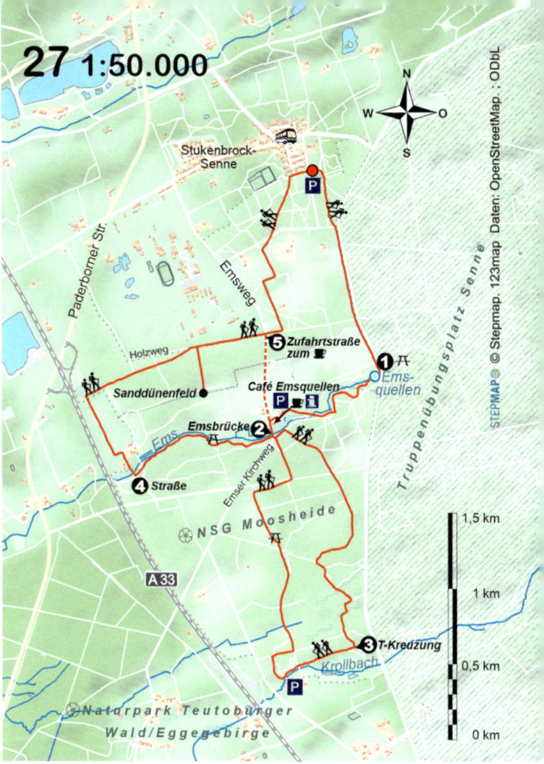

Der Weg führt an einer Feuchtwiese entlang und an der folgenden Kreuzung geht es geradeaus weiter. Bei der folgenden Verzweigung mitten im Wald halten Sie sich schräg links (hier: „A2" nach rechts). Anschließend gehen Sie an einem Abzweig geradeaus vorbei und treffen auf die offene Heidefläche mit Picknickbank. Sie wählen den Weg schräg rechts zwischen Heidefläche und Wald, der in der Folge über die offene Fläche führt.

Am Ende der Heidefläche gehen Sie rechts parallel zum breiten Forstweg, auf den Sie bei einer Kreuzung mit mehreren Abzweigen treffen. Hier biegen Sie im 90°-Winkel nach links in den Wald ein und wandern geradeaus bis zur T-Kreuzung direkt oberhalb der Ems. Sie gehen links runter zur Straße direkt südlich der Brücke ❷, auf deren anderer Seite sich das Gartencafé befindet, und überqueren die Straße vor der Brücke leicht nach rechts versetzt. Jetzt wandern Sie wieder oberhalb der Ems auf einem naturbelassenen Pfad. Bei einer Verzweigung mit einem breiteren Weg gehen Sie schräg rechts auf dem Pfad weiter. An der nächsten, breiten Rechtsabzweigung zu einer Brücke findet sich ein großer freier Platz unter Bäumen in einem Rund der Uferböschung mit Holzstämmen zum Sitzen.

Sie gehen weiter geradeaus auf der linken Seite der Ems, die jetzt durch ein sumpfiges Tal fließt, und halten sich bei einer Verzweigung leicht rechts. Aus dem Mischwald windet sich der Pfad in offenes Buschland und trifft auf eine Straße ❹.

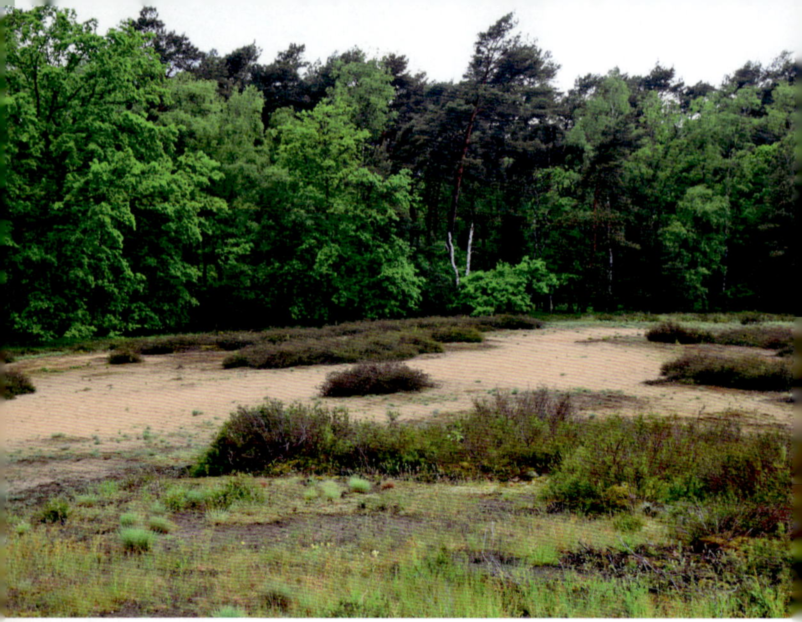

Sanddünenfeld

Hier wandern Sie nach rechts, an der T-Kreuzung nach dem Anwesen nach links und nach der anschließenden Rechtskehre parallel zur A33 am Feldrand entlang. Am anderen Ende des Feldes geht es nach rechts zwischen Feld und Wald, dann in den Wald hinein. Sie wandern auf dem Forstweg durch Mischwald, treffen auf die schmale Straße Holzweg und gehen schräg rechts. An der nächsten Kreuzung lohnt ein Abstecher nach rechts, denn in 500 m Entfernung befindet sich ein für die Senne typisches Sanddünenfeld.

Zurück beim Holzweg geht es nach rechts in ursprünglicher Richtung weiter. Sie überqueren die Zufahrtsstraße zum Gartencafé ❺ und biegen bei der nächsten Möglichkeit auf einen breiten Weg nach links ab. Diesem folgen Sie immer geradeaus bis zur T-Kreuzung vor einer Wiese, vor der Sie rechts abbiegen. An der nächsten Wiesenecke gehen Sie links. Am Wiesenrand entlang erreichen Sie die hintere Ecke und halten sich schräg rechts. Sie queren eine schräg verlaufende Straße und gehen auf dem breiten Naturpfad immer geradeaus weiter an mehreren Abzweigungen und kleinen Kreuzungen vorbei durch schönen Wald. Dann treffen Sie auf die Grundstücke von Stukenbrock-Senne. Leicht rechts hinter den Grundstücken entlang führt der Weg zum Parkplatz zurück.

28 Externsteine und Falkenburg

Tour für alle, die Wälder und Aussichten lieben

Rund um die Externsteine erstreckt sich ein riesiges Waldgebiet, das den meisten Besucherinnen und Besuchern des Touristenmagnetes unbekannt bleibt. Auf dieser langen Tour entdecken Sie Aussichtspunkte, eine Burgruine auf einem Felssporn und eine verborgene Karsthöhle. Auf abenteuerlichen Pfaden können Sie sich in die Natur begeben, diese Abschnitte aber auch umgehen. Sicher ist, dieser Wald hat viel mehr zu bieten als die beeindruckenden, aber überlaufenen Felssäulen!

Start/Ziel: an der Altenbeker Straße gegenüber der Zufahrt zur B1, GPS N 51°51.633' E 008°55.766'

16 km

5 Std.

650 m/650 m

260-440 m

keine einheitliche Markierung

Überwiegend Forstwege, teilweise Pfade, zwei etwas unwegsame Passagen können umgangen werden.

Café-Restaurant Felsenwirt (km 1,7)

Vogeltaufe (km 3,9), unterhalb oder auf der Falkenburg (km 5,5), bei der Räuberhöhle (km 10,6)

Wegen vieler Highlights an der Strecke für wanderstarke Kinder geeignet, aber lang. Die direkte Verbindung zwischen den Externsteinen ❶ und der Kreuzung ❺ ermöglicht es, die Wanderung zu teilen und erheblich zu kürzen, z. B. Südrunde mit abenteuerlichen Pfaden: wandern bis Externsteine ❶, dann am Ostufer des Teiches links hoch bis zur Kreuzung ❺, diese geradeaus überqueren der Beschreibung folgen (9,7 km).

ungeeignet

pfotentaugliche Wege, kaum Wasser, Freilauf möglich, gut bei entsprechender Kondition

Parkplatz an Start/Ziel, Parkplatz Externsteine, € 4, GPS N 51°52.166' E 008°55.566'

Horn-Holzhausen, Haltestelle „Abzweig Externsteine", TouristikLinie 792 zwischen Detmold – Bad Meinberg – Bad Pyrmont, etwa stündlich von Ostern bis 1. November, hält am Abzweig zum Parkplatz Externsteine

Vom Parkplatz aus starten Sie auf dem Asphaltweg, der vom Unterstand weg in den Wald führt. Nach wenigen Metern biegen Sie nach rechts auf einen Waldweg ab und halten sich sofort links aufwärts. An einer Verzweigung gehen Sie geradeaus weiter am Hang aufwärts. Durch die Heidelandschaft des Knickenhagens folgen Sie dem Hauptweg in einer langen Rechtskehre und über eine Wegkreuzung bis zur T-Kreuzung mit dem Hermannsweg, einem breiten Forstweg auf dem Bergkamm. Hier befindet sich nach rechts ein Rastplatz mit Relaxbank, Sie aber biegen nach links ab. Zuerst immer geradeaus führt der Weg Sie vorbei an ersten Felsgruppen auf die Externsteine zu und abwärts zur Schönen Aussicht (✋ nur teilweise mit Geländer gesichert). Inzwischen zu einem Pfad geworden leitet der Weg Sie entlang von Holzgeländern hinunter auf den Fahrweg am Oberen Teich ❶. Hier spazieren Sie nach rechts zwischen den Felsen der Externsteine hindurch.

Externsteine

Die Externsteine sind ein etwa 100 Millionen Jahre altes Relikt eines großen Meeres, das in der Unterkreide weite Bereiche des nördlichen Mitteleuropas bedeckte. Eine Reihe von 13 weitgehend frei stehenden Quarzsandsteinfelsen zieht sich in Südost-Nordwest-Richtung und erreicht ihre größte Höhe mit 47,7 m am Wiembecketeich. In die Felsen sind Grotten und Reliefs gearbeitet worden. Hier gehen die Deutungen weit auseinander: Handelt es sich um mittelalterliche Nachbildungen heiliger Stätten Jerusalems oder wurden die Externsteine schon von den Kelten oder Germanen als Heiligtum verehrt?

Als Naturdenkmal ziehen die Externsteine jedes Jahr etwa 500.000 Menschen an (Ticket für die Besteigung € 4/ 2). Die Externsteine sind großräumig umgeben vom Naturschutzgebiet und FFH-Schutzgebiet Externsteine.

✕ **Café-Restaurant Felsenwirt**, Externsteiner Str. 35, 32805 Horn-Bad Meinberg, ☏ 052 34/23 10, April-Oktober täglich 11:00-18:00, Winter bei schönem Wetter Sa/So 11:00-17:00

Dahinter halten Sie sich schräg links und überqueren den Damm am Ende des Teiches, von dem Sie einen schönen Blick auf das Naturdenkmal haben. An der Verzweigung nach einer kleinen Brücke gehen Sie nach links und biegen sofort rechts in einen Hohlweg ein. Hier lassen Sie die meisten Touristinnen und Touristen wieder hinter sich. Auf einem Pfad wandern Sie unterhalb des Bärensteins entlang und links unter Ihnen erstreckt sich die wie aus der Zeit gefallene Schlucht am Bärenstein.

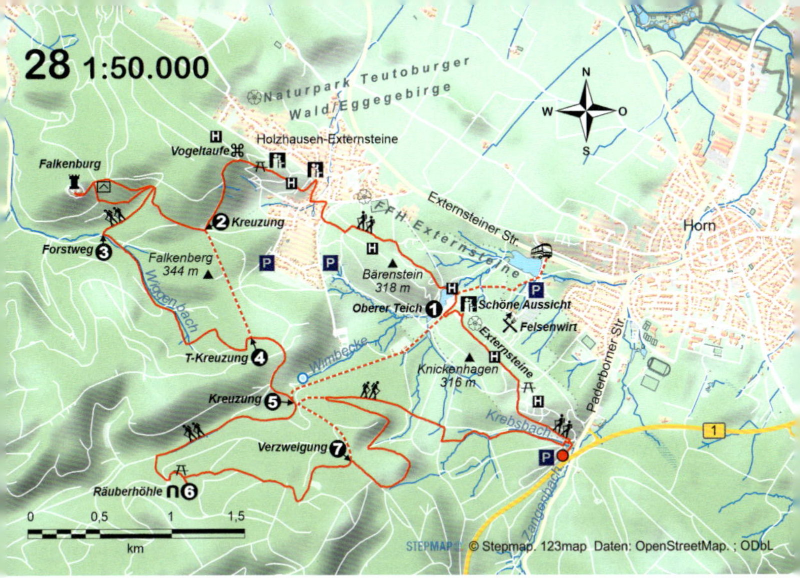

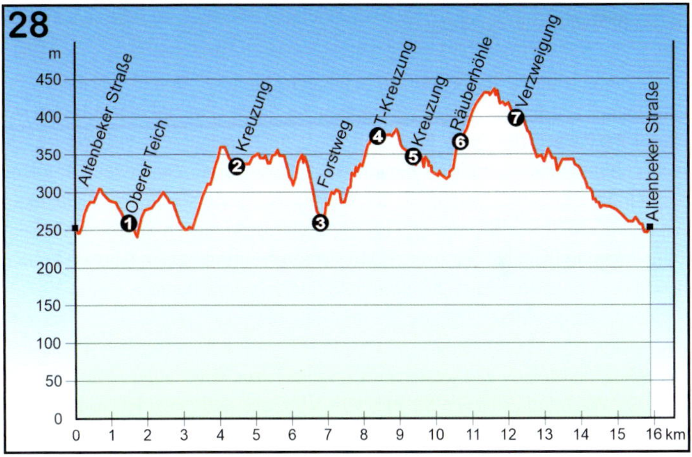

Die Schlucht am Bärenstein ist ein ehemaliger Steinbruch, aus dem auch die Steine für den Bau der Falkenburg stammen sollen.

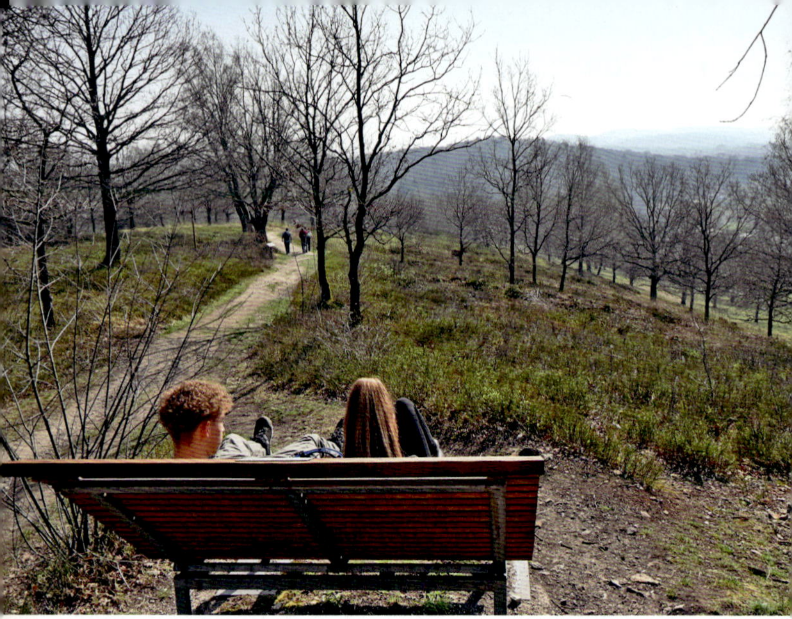

Aussicht von der Vogeltaufe

Der Pfad leitet zu einem deutlich sichtbaren Querweg, dem Sie nach links folgen. Immer auf diesem Hauptweg wandern Sie durch eine Linkskurve und erreichen kurz danach die große Kreuzung mit dem Hermannsweg. Hier biegen Sie rechts ab und gehen geradeaus hinunter nach Holzhausen. Durch den Ort folgen Sie dem Hermannsweg, indem Sie die Durchgangsstraße schräg rechts überqueren und in die Straße Kneippweg gehen. Anschließend biegen Sie an der T-Kreuzung links und dann bei der zweiten Möglichkeit rechts ab. Dann führt ein breiter, beschilderter Schotterweg führt nach links hoch zur Vogeltaufe.

Nach wenigen Metern biegen Sie vom Hauptweg nach rechts ab zu einer ersten, weiten Aussicht. Dahinter wenden Sie sich nach links, erreichen wieder den Hauptweg und folgen ihm jetzt rechts und hoch zur Vogeltaufe, ohne abzubiegen. Am Waldrand erreichen Sie eine Aussichtsbank und einen Picknicktisch mit Blick übers Tal, nach rechts befindet sich ein weiterer Aussichtspunkt.

Sie folgen dem breiten Weg weiter hoch bis zum Gedenkstein Vogeltaufe und der Kreuzung wenige Meter oberhalb. Hier wandern Sie nach links in Richtung „Falkenburg". Weitgehend steigungsfrei erreichen Sie auf dem breiten Forstweg eine Kreuzung ❷, an der Sie nach rechts gehen.

Am Ende eines Taleinschnittes treffen Sie auf eine Verzweigung mit einem Fahrweg, hier laufen Sie rechts weiter. Dann halten Sie sich zweimal geradeaus und erreichen einen Unterstand. Hier geht es geradeaus auf breitem Weg hoch zur Falkenburg. Beim letzten Besuch war der Weg mit einer Barke abgesperrt, was aber zahlreiche Besucherinnen und Besucher nicht vom Aufstieg abgehalten hat.

Die Falkenburg

In exponierter Lage wurde die Falkenburg im 12. Jahrhundert gebaut und bis Anfang des 16. Jahrhunderts genutzt. Seit 2004 arbeitet ein Förderverein für die Sicherung und den Erhalt der Ruine. Seit 2005 finden Ausgrabungen statt, durch die Mauern freigelegt wurden und das ganze Ausmaß der Anlage erkennbar wurde.

Die Falkenburg hoch auf einer Kuppe des Teutoburger Waldes

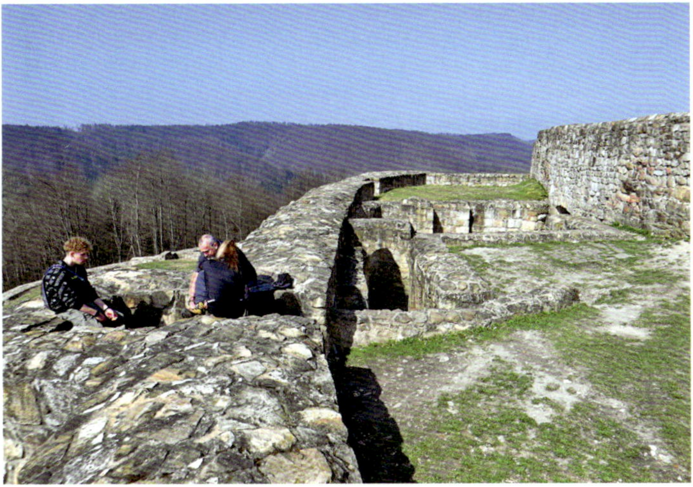

↬ Die folgende Beschreibung enthält zwei Passagen mit schlecht erkennbaren Pfaden. Diese können Sie vermeiden, indem Sie auf dem Hinweg bis zur Kreuzung ❷ zurückgehen, dort rechts abbiegen und dem breiten Forstweg bis zu einer T-Kreuzung ❹ folgen. Dort führt ein breiter Fahrweg nach links zu einer Kreuzung mit mehreren Abzweigen ❺.

Mit der Burg im Rücken biegen Sie vor dem Unterstand auf einen Trampelpfad nach rechts ab. Er führt hinunter zu einem breiten Forstweg, dem Sie nach links aufwärts folgen. So erreichen Sie die Fahrwegeverzweigung im Taleinschnitt von unten. Kurz vor dem breiten Querweg und den am Boden liegenden Stämmen gehen Sie auf einem schlecht erkennbaren Pfad nach rechts und Richtung Talgrund. Hier führt ein Pfad nach rechts abwärts. Er wird zur von Wildschweinen aufgewühlten Schneise. Hier halten Sie sich leicht links, ohne aus dem Tal hochzusteigen, und erreichen wenig später einen breiten Forstweg ❸. Diesem folgen Sie nach links aufwärts durch das lauschige Tal des Wiggenbaches, der nur nach Regen Wasser führt. Abseits der Hauptwanderrouten und in mehreren Kehren geht es durch stillen Wald stetig aufwärts. An einer ersten Verzweigung mit einem Fahrweg halten Sie sich links am Graben des Wiggenbaches, dann überqueren Sie ihn und an der folgenden Verzweigung ❹ geht es geradeaus weiter. Jetzt haben Sie den Anstieg fast geschafft und wandern erst eben, dann leicht abwärts auf breitem Weg am Hang entlang. Zwei Kreuzungen bzw. Abzweigungen ignorieren Sie, dann erreichen Sie eine große Kreuzung mit mehreren Abzweigungen ❺, an der der erste Weg nach links zu den Externsteinen und der zweite nach links asphaltiert zum Parkplatz führt.

Hier biegen Sie in den ersten Forstweg nach rechts ein, markiert mit „X". Er trifft auf einen breiten Fahrweg, dem Sie nach rechts folgen. Immer leicht abwärts erreichen Sie einen breiten Abzweig nach links. Hier gehen Sie links aufwärts und biegen am Beginn der folgenden Rechtskehre an der großen Lichtung nach links ab. Der Pfad teilt sich und Sie wählen den steil ansteigenden Weg geradeaus hoch. Der kurze, aber anstrengende Anstieg bringt Sie zu einem kleinen Plateau mit einem dicken, liegenden Stamm, einem wunderschönen, einsamen Rastplatz.

Links des im Folgenden beschriebenen Pfades zur Räuberhöhle liegt ein teilweise verdecktes Karstloch, das für Kinder gefährlich werden kann. Weitere Hohlräume können nicht ausgeschlossen werden!

Der im Folgenden beschriebene Pfad führt ungesichert oberhalb einer kleinen Schlucht entlang.

Die Räuberhöhle ❻ erreichen Sie, wenn Sie wenige Schritte nach dem Rastplatz auf den Trampelpfad nach rechts abbiegen. Dieser führt an der kleinen Schlucht vorbei zu einer ungefährlichen Abstiegsmöglichkeit. Zwei weitere, kleinere Einschnitte befinden sich auf der anderen Seite des Hauptpfades hinter dem Picknickplatz.

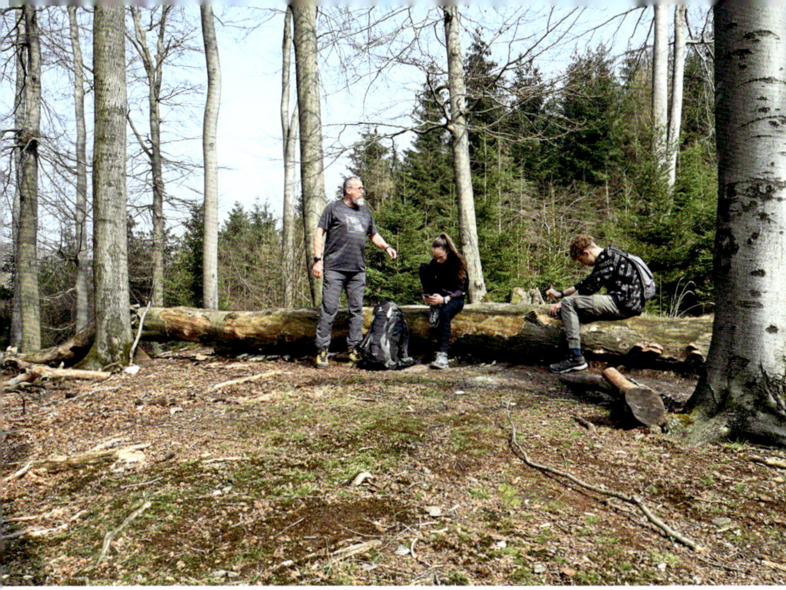

Rastplatz Räuberhöhle

Vom Picknickplatz führt die Wanderung auf dem Hauptpfad weiter durch eine Schneise im Wald und erreicht die Kehre eines überwachsenen Fahrweges. Hier geht es nach rechts auf einen deutlichen Pfad, der durch ein Einschlagsgebiet auf der Bergkuppe führt. An einem Forstweg biegen Sie links ab und auf den folgenden guten Fahrweg ebenfalls. Er wird zu einem schlechten Asphaltsträßchen und führt an einem ehemaligen Steinbruch vorbei zu einer großen Verzweigung ❼.

Die folgende Passage verläuft auf Trampelpfaden und ist an mindestens einer Stelle durch einen umgestürzten Baum teilweise blockiert. Um diesem Weg zu vermeiden, können Sie hier auf breitem Weg nach links abbiegen und an der folgenden Kreuzung ❺ auf Asphalt nach rechts.

Sie gehen rechts leicht aufwärts. Nach der Kuppe und noch vor einer Rechtskurve führt in einer kleinen Schneise ein zugewachsener, ehemaliger Forstweg nach links in den Wald. Er wird zum Trampelpfad und öffnet sich überraschend zu einer grandiosen Aussicht. Immer auf dem weitgehend waagerechten Band des ehemaligen Forstweges verläuft der Pfad am Hang zuerst oberhalb von Heideflächen zur Rechten und taucht dann wieder in den Wald ein.

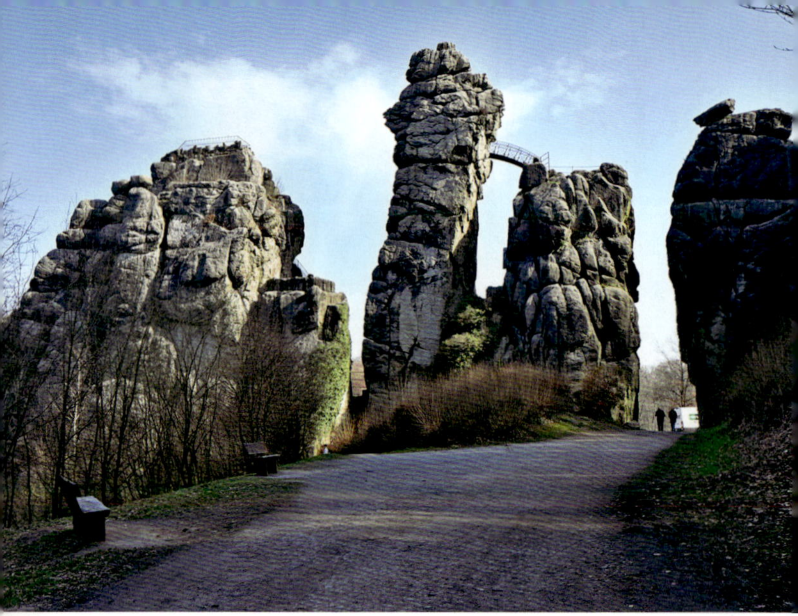

Die Externsteine, eines der Highlights des Teutoburger Waldes

Nach der Kehre in einem engen Taleinschnitt erschweren auf einer kurzen Passage zuerst Brombeerranken das Fortkommen, dann liegt das breite Geäst eines umgestürzten Baumes quer im Weg, lässt sich aber übersteigen. Anschließend führt der Pfad ohne weitere Probleme durch hohen Wald und erreicht schließlich das Asphaltsträßchen, das von der großen Kreuzung ❺ zum Parkplatz verläuft. Hier biegen Sie rechts ab und wandern abwärts. An einer großen, beschilderten Kreuzung am Ende eines Einschlagsgebietes können Sie entweder auf Asphalt geradeaus weiter gehen Richtung „Radler-Rastplatz" oder Sie biegen rechts ab, um den Asphalt noch einmal zu verlassen.

Nach etwa 50 m zweigt ein breiter Trampelpfad nach links ab. Er führt zum Krebsbach und an diesem nach links. Unterhalb des asphaltierten Asphaltweges überquert der Pfad einen Nebenbach auf einer Brücke. Von dort gehen Sie rechts weiter, überqueren den Krebsbach beim nächsten Forstweg und laufen auf der anderen Bachseite in gleicher Richtung weiter. Schon mit Blick auf den Parkplatz gehen Sie links hoch zum Hauptweg und sind zurück am Parkplatz.